国家社科基金
GUOJIA SHEKE JIJIN HOUQI ZIZHU XIANGMU
后期资助项目

我国城市社区公共体育服务体系研究

Research on the Public Sports Service System of Urban Communities in China

李骁天 著

科学出版社
北京

内 容 简 介

城市社区公共体育服务体系是全民健身公共服务建设的核心组成部分，对于推动城市社区居民体育锻炼参与具有重要作用。本书以城市社区与学校体育场地设施共享、社区体育俱乐部协同治理为主线，选取社区公共体育场地设施作为研究的核心要素，揭示城市社区公共体育服务体系建设的制约因素，总结城市社区公共体育服务体系的构成要素，并对城市社区公共体育服务体系理论展开论述；提出协同治理城市社区体育俱乐部与体育场地设施，并对我国城市社区公共体育服务体系的构建及其特点进行了分析。

本书可供体育人文社会科学研究人员、从事体育人文社会学学科课程教学的教师、体育学研究生、体育本科专业学生阅读参考。

图书在版编目（CIP）数据

我国城市社区公共体育服务体系研究/李骁天著. —北京：科学出版社，2022.1

ISBN 978-7-03-069332-7

Ⅰ. ①我… Ⅱ. ①李… Ⅲ. ①城市-社区管理-群众体育-社会服务-研究-中国 Ⅳ. ①G812.4

中国版本图书馆 CIP 数据核字（2021）第 138619 号

责任编辑：杭 玫 / 责任校对：张亚丹

责任印制：张 伟 / 封面设计：无极书装

科学出版社 出版

北京东黄城根北街 16 号

邮政编码：100717

http://www.sciencep.com

北京中石油彩色印刷有限责任公司 印刷

科学出版社发行 各地新华书店经销

*

2022 年 1 月第 一 版 开本：720 × 1000 B5

2022 年 1 月第一次印刷 印张：11 1/2

字数：360 000

定价：105.00 元

（如有印装质量问题，我社负责调换）

国家社科基金后期资助项目
出版说明

后期资助项目是国家社科基金设立的一类重要项目，旨在鼓励广大社科研究者潜心治学，支持基础研究多出优秀成果。它是经过严格评审，从接近完成的科研成果中遴选立项的。为扩大后期资助项目的影响，更好地推动学术发展，促进成果转化，全国哲学社会科学工作办公室按照“统一设计、统一标识、统一版式、形成系列”的总体要求，组织出版国家社科基金后期资助项目成果。

全国哲学社会科学工作办公室

序　言

自 1887 年德国社会学家滕尼斯（Tonnies）在其著作《社区与社会》一书中首先提出“社区”这一概念后，社区就成为社会学及其他学科研究的重点对象。随着工业化、城市化、市场化进程的加快，社区公共体育服务体系逐渐成为我国全民健身公共服务体系中的重要内容。

关于公共体育服务体系的文献多以体系构成说为当今研究的主流，而纵观社区公共体育服务体系的相关研究较少，本书以城市社区与学校体育场地设施共享、社区体育俱乐部协同治理为主线，选取社区公共体育场地设施作为研究的核心要素。从社区公共体育服务现状入手，解构社区公共体育场地设施对社区公共体育服务体系的重要性，对于推动全民健身运动有不可低估的意义。这既是本书的创新点，也是本书的难点与重点。当前我国城市社区公共体育服务体系发展滞后，在很大程度上可以归因于城市社区公共体育场地设施的掣肘。城市社区及社区中的学校体育场地设施从产权角度来看都属于社区公共体育场地设施，二者都存在使用的高峰与低峰时间，可以错峰使用。从微观层面看，可以实现城市社区与学校体育共享，协同解决二者在使用时间上的体育场地设施紧缺问题；从宏观层面看，可以以此为契机构建新型的社区公共体育服务体系。本书分为三个部分：第一部分，从制约社区体育俱乐部、青少年体育俱乐部提供公共体育服务的影响因素出发，提出构建新型社区体育俱乐部来负责城市社区公共体育服务的供给，强调城市社区公共体育服务生产中的组织问题；第二部分，研究制约社区与学校共享体育场地设施的影响因素，从影响因素着手构建社区与学校体育场地设施的共享模式，解决城市社区公共服务体系中体育场地设施匮乏的问题；第三部分，针对社区俱乐部缺乏体育场地设施的问题，研究社区体育俱乐部与社区管理部门协同治理社区公共体育场地设施，以此为基础提供城市社区公共体育服务，构建新型城市公共体育服务体系。

本书以构建社区、学校体育场地设施共享的城市社区公共服务体系为研究对象，运用文献资料法、问卷调查法、个案研究法、实地调查法、数理统计法等研究方法，对我国城市社区与学校共享体育场地设施现状进行了调查。以制度变迁为研究切入点，分析了制度变迁对城市社区体育、学校体育发展的影响。针对发展中存在的社区与学校设施紧缺及闲置的问题，以制度创新、协同治理为理论基础，整合公共产品理论、交易成本理论、制度变迁与创新理论、产权理论，构建以城市社区与学校体育场地设施共享为核心、社区体育俱乐部为枢纽的城市社区公共服务体系，旨在推动城市社区公共服务体系发展，研究结果如下。

（1）我国城市社区公共体育服务供给组织以城市社区体育俱乐部与青少年体育俱乐部的生产服务并输送为主。这两类俱乐部属于国家出资建立的公益性体育俱乐部。城市公共体育服务供给的不通畅是政府提供公共体育服务的重要原因。作为城市公共体育服务的主要供给组织的青少年体育俱乐部与社区体育俱乐部，在城市公共体育服务过程中，其公共体育服务的供给受到政府管理因素、运营管理因素、场地设施因素的制约。

（2）我国城市社区公共体育服务现状中，社区体育俱乐部与青少年体育俱乐部的公共体育服务供给效率低、公共体育服务生产组织自身造血不足导致供给匮乏、公共体育服务供给存在重叠性和短缺性。因此，社区公共体育服务必须由政府出资，创建新型社区体育俱乐部替代原有的俱乐部，由新型社区体育俱乐部来生产社区公共体育服务。

（3）对我国城市社区中的公共体育场地设施调查发现，学校体育场地设施对外开放率约 30%，社区对学校开放率约 10%；学校对外开放中无偿开放模式是占比最大的开放模式，其次是有偿与无偿开放相结合的模式。城市社区体育场地设施多为小区业主投资修建。安全因素、政府管理因素、资源因素、政策法规、观念等因素是影响学校与社区共享的主要原因。

（4）城市社区体育俱乐部的体育场地设施匮乏制约了社区公共体育服务的供给。协同治理的制约因素有各方主体利益冲突、财政资金的扶持力度不够、区政府政策配套制定不足、政府层面缺乏协同目标、行政管理体制的分割。因此，在城市社区体育俱乐部与街道、社区管理部门间需要建立关于社区公共体育场地设施的协同治理机制，以解决社区体育俱乐部体育场地匮乏的问题。社区管理部门应对社区体育俱乐部及社区体育场地设施协同治理提供公共体育服务、制定协同目标、进行制度创新、提供财政资金支持。

（5）提出社区体育俱乐部与社区体育场地设施的协同治理：政府为主导，制定协同治理的目标，做好顶层设计；以“序参量”创建协同系统发展模式，发挥公共体育资源整体功能的协同效应；构成协同系统需要政府提供政策保障，解决好社区中公共体育场地设施产、责、权问题；政府加强宏观调控，搭建协同公共体育服务信息的沟通平台；盘活整合社区公共体育资源存量资源，不断创新社区体育俱乐部的发展模式，使社区体育俱乐部与社区体育场地设施构成协同系统，从而形成新的城市社区公共体育服务体系。

（6）我国管理体制中的条块分割，造成了公共体育场地设施在学校与城市社区的富集与贫瘠。在宏观层面以制度变迁为主要方式，在微观层面以制度创新为主要方式，构建城市与社区体育场地设施的共享+协同治理，以此解决我国当前社区与学校体育场地设施紧缺的问题。学校、社区体育场地设施是公共产品，依据公共产品理论、交易成本理论、产权理论，综合分析认为构建社区、学校体育场地设施共享模式具有可行性。构建体育场地设施共享模式，按照共享的目标与内容，设立保障资金，着手从运行机制体系进行制度创新，重在以政府为主导的多部门联合推动社区公共体育服务体系构建，关键在于组织构架的创新，由此构建城市社区公共体育服务体系。

目　录

绪　论

《国务院关于印发“十三五”推进基本公共服务均等化规划的通知》指出，国家构建现代公共文化服务体系和全民健身公共服务体系，实现农村、城市社区公共文化服务资源整合和互联互通；有条件的公共体育设施免费或低收费开放，推进学校体育设施逐步向公众开放。

现阶段我国城市社区公共体育服务体系存在供需不匹配、发展不平衡、供给效率低、财政负担较重、供给主体单一和体育场地设施供给非均衡发展等问题。体育场地设施供给非均衡是困扰我国社区公共体育服务体系发展的首要问题，它致使城市社区公共体育服务供给与社区居民的公共体育服务需求之间的差距逐步加大，表现为城市社区中中小学体育场地设施与社区居民体育场地设施的空置与稀缺并存。因此，有必要从社区公共体育场地设施协同治理的角度探寻城市社区公共体育服务体系建设。

城市社区公共体育服务体系的构建是由全民健身运动向全民健身活动升级和体育大国向体育强国迈进的重要标志之一，关系到城市社区居民生存、发展和享受的三大需要，关系到城市社区居民身心健康需求。因此，建立城市社区公共体育服务体系是社区体育发展的需要，更是建设城市公共服务体系和构建和谐社会的重要内容（孔祥，2011）。我国城市社区公共体育服务体系不同于城市公共体育服务体系，有其一定的特殊性。从广义上讲，社区是若干社会群体或社会组织聚集在某一个领域里所形成的一个生活上相互关联的大集体，是社会有机体最基本的内容，是宏观社会的缩影。从狭义上讲，社区是城市的基本单位之一，其中还有若干相关组织。城市社区公共体育服务体系与城市公共体育服务体系的差异为，前者重体系的构成要素，后者重组成社区不同部分之间关于公共体育服务体系的运行与匹配。简言之，前者重体系构成，后者重体系运行。城市社区公共体育服务体系的着眼点在于城市社区中各个主体自身所拥有的体育服务资源要素之间的共享、协同发展。因此，研究社区中体育服务资源要素之间的共享、协同发展就是研究城市社区公共体育服务体系。城市社区公共体育服务体系的核心就是城市社区中的场地、组织、活动，体系侧重场地、组织、活动三者之间的组合，而组合则涉及共享与协同理论。

在城市社区体育发展过程中，体育场地设施是人们参与体育锻炼的物质平台，是推动城市社区体育发展的关键因素。我国城市社区建设严重滞后，社区体育场地设施建设落后。2014 年国家体育总局调查结果显示，体育场地设施匮乏是影响我国城市居民参加体育活动的前三大原因之一。因此，解决我国城市社区体育场地设施紧缺问题，对于推动城市社区发展、构建社区公共体育服务体系有着重要的意义。

根据《第六次全国体育场地普查数据公报》，截至 2014 年 12 月 31 日，我国共有各类体育场地 169.46 万个，仅教育系统就达到了 66.05 万个，占全国体育场地总数的 38.98%，中小学占到了 34.51%。我国学校体育场地设施与社区体育场地设施的富集与稀缺已是不争的事实。众所周知，学校的体育场地设施属于部分时间工作状态，我国学校实行每周 5 天教学制，加上寒、暑假，每年共有假期 110 多天，在这种情况下学校体育场地设施利用率不高。学校体育场地设施使用低峰时间存在着体育场地设施资源的闲置，而高峰期却存在着体育场地设施拥挤问题。社区体育场地设施存在同样的问题。这两者体育场地设施高峰期与低峰期交错，城市社区与学校都处于部分工作状态，目前尚未通过有效的方式高效使用二者。因此，前期应通过社区与学校共享体育场地设施，提高对设施的利用效率，解决双方的体育场地设施资源紧缺问题是城市社区公共体育服务体系的核心和关键点；后期应在共享的基础上向协同治理发展，构建以社区公共体育设施资源为核心的城市社区公共体育服务体系。此外，解决学校体育场地设施的问题对于学校体育发展有着极为重要的意义。

当前我国城市社区体育场地设施建设落后，造成社区居民体育活动场地稀缺，以及社区体育组织机构有组织无阵地开展社区居民全民健身活动的现象。随着城市化进程的逐步推进，城市的功能化、区域化日趋明显，今后城市公共体育场地设施布局的问题将逐渐引起人们的关注。在当前城市建筑用地锐减的情况下，建立城市社区公共体育服务体系，推动学校、社区公共体育场地设施共享，探索城市未来公共体育场地设施布局的问题显得极为迫切。

教育部、国家体育总局、共青团中央发起的“全国亿万青少年学生阳光体育运动”要求在校学生每天锻炼一小时，掌握至少两项体育技能，而调研发现，阳光体育工程要求的在非教学时间每天锻炼一小时不能得到保障。究其原因，是青少年非教学时间的体育锻炼场地得不到保障，因为青少年主要使用学校体育场地设施，而在非教学时间学校体育场地设施处于关闭状态。青少年在非教学时间体育锻炼场地的问题阻碍了阳光体育工程的发展。

城市社区公共体育服务体系建设存在场地的问题、组织的问题、活动的问题等。“三边”问题依旧存在，并且由“三边”工程上升到了“六边”工程，同时“三边”工程中的问题也逐步扩展到了“六边”工程中。其中的关键问题在于城市社区公共体育服务体系的缺位，体系缺位表现在城市社区中的公共体育资源条块分割，致使资源的利用不充分，城市社区体育场地设施的闲置与匮乏并存。学者指出，要解决这个“顽疾”必须构建城市社区公共体育服务体系，实现公共体育场地设施由条块分割到条块联合，整合现有体育场地设施资源；要对城市社区中教育部门的体育资源、体育社会组织进行整合、共享、协同治理发展（沈克印，2017；王科飞，2017；姚翼源和张诚，2017；周小平等，2017）。因此，构建城市社区公共体育服务体系，有利于城市社区与学校体育场地设施共享；社区公共体育服务供给的协同治理有利于化解社区居民公共体育服务供需矛盾，提升社区公共体育服务供给水平与质量。形成公共治理的合作协调模式，使政府对公共体育服务供给管理由单一“善政”向多元“善治”转型。

实现城市社区中的学校体育场地设施的社区、学校共享是解决当前社区体育场地设施匮乏问题、提高学校体育场地设施利用率的良策。共享解决了社区公共体育服务体系中的体育场地设施资源匮乏问题，弥补了社区与学校体育场地设施资源不足，减少了资源的闲置；它可以从宏观上突破制度与机制条块分割的藩篱，微观上从管理上实现体育资源共享。社区、学校体育场地设施共享，使学校体育场地设施在非教学时间与社区共享，这能极大填补由节假日学校关闭体育场地设施造成学生节假日中一小时锻炼得不到保障的空白，促进阳光体育工程的迅速发展。因此，构建城市社区公共体育服务体系，有利于城市社区与学校体育场地设施共享；有利于转变政府职能，加强和完善公共体育服务，将制度、政府组织、技术保障、治理理念的协同理论转变成自下而上、由内部到外部、辐射并穿透中观领域实现上升态势的战略目标。

发达国家的成功经验表明社区与学校共享是解决社区、学校体育场地设施缺乏问题的有效途径。它将有效促进我国城市公共体育场地设施的规划、布局与建设，节约城市社区公共体育资源，避免体育场地设施的重复建设；促进体育资源合理流动，有利于在不同主体间合理配置体育资源。在此基础上提高体育场地设施的使用效率。城市社区公共体育服务体系研究属于社会学、管理学、经济学、体育等多学科交叉问题，所以有必要引入公共产品理论、产权理论、成本交易理论、制度变迁理论与协同治理理论，为厘清城市社区体育场地设施、学校体育场地设施的性质与归属，打破学校与城市社区的体育场地设施条块分割提供分析理论框架，从制度层面诠释城市社区与学校体育场地设施共享的制度诱因。协同治理理论丰富了社区、学校体育场地设施共享如何由短期行为变成常态行为的相关理论，为我国城市社区治理的创新提供了新的理论途径；丰富了新公共服务、善治等理论。上述理论为构建以城市社区与学校体育场地设施共享为基础的新型城市社区公共体育服务体系奠定了基础。

城市社区公共体育服务体系的社会公共事务发展需求、政府部门公共体育服务产品转变的内在要求，以及城市社区公共体育服务体系建设的实践探索，已经对城市社区公共体育服务体系建设提出了迫切要求，需要在解构我国城市社区公共体育服务体系基本功能的基础上，提出以城市社区、学校体育场地设施共享、协同为我国城市社区公共体育服务体系建设的主要途径，从而为政府和体育行政管理部门的城市社区公共体育服务体系建设提供决策依据。

社区体育场地设施同学校体育场地设施处于部分工作状态。实现社区与学校体育场地设施共享是解决学校体育场地设施紧缺问题，推动学校体育发展的有效措施。学校体育场地设施向社区开放是通行做法，但使用社区体育场地设施解决学校体育场地设施匮乏问题尚属前沿研究。因此，研究社区体育场地设施与学校共享有着重要的应用价值与理论意义。城市社区与学校体育场地设施共享、协同是发达国家成功的经验。它将成为我国今后城市社区、学校体育场地设施布局重点参考模式的依据。对社会转型期我国体育场地设施资源配置变化特点进行探讨，并研究其如何影响我国城市社区体育与学校体育的发展，可以准确把握社会转型期城市社区体育主要形态的变革方向。

第一章　我国城市社区公共体育服务体系现状

我国城市社区公共体育服务体系经过多年的发展，已形成初步体系，但是在形成、发展过程中还存在诸多问题，究其根本，是这些要素的整合、融入、运行的问题。有研究认为，当前的问题不是城市社区公共体育服务体系有无问题，而是体系发展问题，应关注体系间要素的整合、共享、协同创新发展（沈克印，2017；王科飞，2017；姚翼源和张诚，2017）。城市社区不同主体的公共服务资源主体利益相关者进行资源的共享、协同、发展、创新后所形成的服务体系，称为社区公共服务体系。本章将城市社区公共体育服务体系定位于当前城市公共体育服务的供给单位——社区体育俱乐部和青少年体育俱乐部。讨论两个俱乐部的服务供给现状，从现状中分析存在的问题。

第一节　我国城市社区与学校体育场地设施调查样本介绍

一、本书问卷的调查地域

本节主要对本书中的问卷调查情况进行介绍。调查地点选择 31 个省、自治区、直辖市（不包括港澳台地区）。它们分别属于地理区位上的六个大区，即东北地区（黑龙江、吉林、辽宁）、西北地区（陕西、甘肃、宁夏、青海、新疆）、华北地区（内蒙古、河北、山西、北京、天津）、华东地区（山东、安徽、江西、江苏、浙江、福建、上海）、中南地区（河南、湖南、湖北、广东、广西、海南）、西南地区（四川、云南、贵州、西藏、重庆）。其中，全国直辖城市为 4 个，省会城市为 31 个，地级城市为 260 个[①]。为了兼顾大区的分布，以及每一大区中所含省区市的数目多少，同时考虑到每个省（自治区、直辖市）中体育研究机构的因素，最后确定选取东北地区的黑龙江，西北地区的陕西、甘肃，华北地区的北京，华东地区的安徽、山东、江

---

① 数据来源：《中国城市统计年鉴 2017》。

西、浙江与江苏，华南地区的广东，中南地区的河南、湖南与广西，西南地区的云南、四川为调查省区市。在每一选中的省（自治区、直辖市）中，再选取省会城市和该省（自治区、直辖市）中小城市一个。共选取全国 27 个城市作为调查城市，分别是直辖市（特大城市）中的北京、重庆；省会城市中的西安、杭州、长沙、昆明、哈尔滨、合肥、郑州、南京、兰州、济南、广州、南宁；中小城市中的宁波、湘潭、曲靖、齐齐哈尔、芜湖、赣州、焦作、威海、淮北、柳州、汉中、阜阳、常州。

二、调查样本及问卷发放

调查对象由城市中小学与城市社区组成，城市中小学分为小学、初级中学、高级中学、完全中学、一贯制中学；城市社区调查对象是特大城市与省会城市中的新型综合社区。样本采用多阶段随机抽样的方法进行抽取。具体抽样程序及调查总体样本的构成与分配如下。

（一）中小学样本

首先在每个作为调查样本的城市中，依据教育部基础教育司提供的学校名单，以简单随机抽样的方法从中抽取 40 所中小学，中小学样本比例根据各地中小学比例确定，按不放回抽样的方式进行抽取。中小学一般选择城市中靠近居民区的中小学为宜，对于郊区中小学不予选择。因为这些学校距离社区较远，构建城市社区公共体育服务体系较难。根据教育部基础教育司提供的中小学名单，九年义务制学校占到了中小学的 50%以上，在抽样中基本按照全国中小学的比例进行抽取（图 1-1）。此外，高级中学的体育场地设施配备情况在中小学中也比较好。因此，按照研究要求与样本要求，在抽样样本中，一贯制中学 28 所，占总体的 2.37%；完全中学 196 所，占总体的 16.61%；初级中学 208 所，占总体的 17.63%；高级中学 354 所，占总体的 30%；小学 394 所，占总体的 33.39%。

（二）城市新型综合社区样本

省会城市新型综合社区抽样选择在省会一级的城市，首先在每个作为调查样本的城市中，依据当地政府部门提供的新型综合社区名单，以简单随机抽样的方法从中抽取 40 个综合社区，按不放回抽样的方式进行抽取。北京、西安、哈尔滨、杭州、长沙、郑州、南宁一个直辖市与六个省会城市，兼顾东部、中部、西部的地域与经济特征，从总体中一共抽取样本共计 466 个新建综合社区。

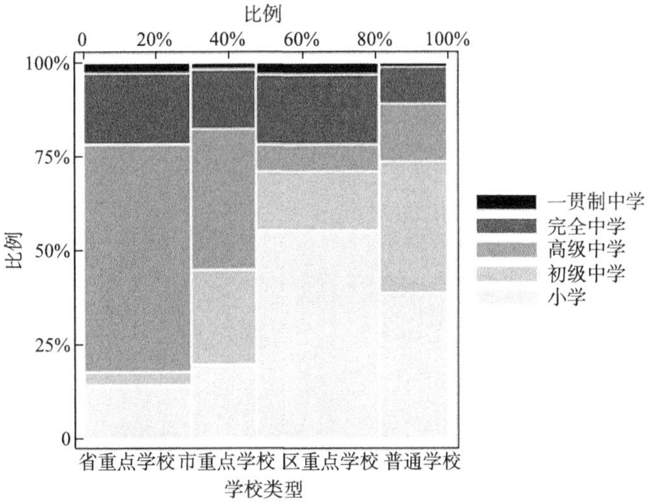

图 1-1　调查问卷发放的中小学校类型与学校类别

（三）社区体育俱乐部样本

在研究过程中向社区体育俱乐部管理者发放了 476 份问卷，回收 476 份，回收率为 100%，有效问卷 466 份，有效率 98%。直辖市的调查主要集中在东部直辖市——北京，这部分问卷占到整个调查的 42.92%（图 1-2），直辖市的调查情况对于全国其他地方具有一定的借鉴意义。在省会城市共调查了 230 个新建综合社区，占总体比例的 49.36%。调查的社区当中万人以上的新建社区占到了调查总体的 30.47%，这部分社区的人均体育面积为 0.5~1 平方米。

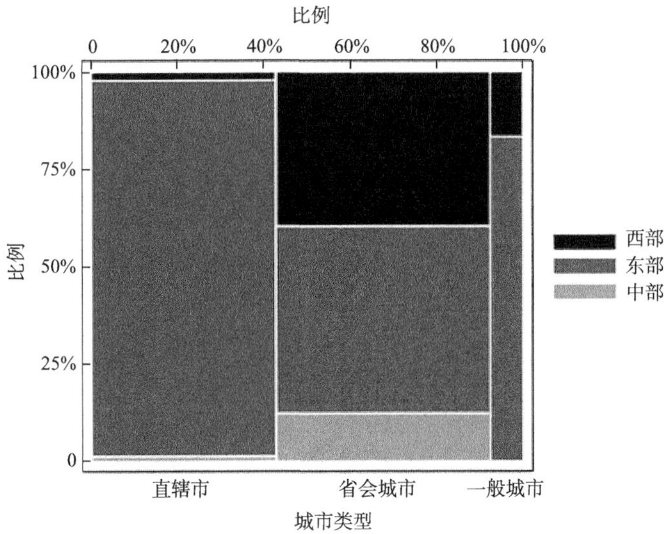

图 1-2　问卷调查的地域和城市类型

本次调查以城市类型为主要变量进行考虑。从图 1-2 可以看出直辖市和省会城市这两类城市的数量比例比较接近；此外，在学校类型的调查上符合教育部公布的中小学数量的比例。图 1-3 显示了本次问卷调查的城市类型中中小学比例。

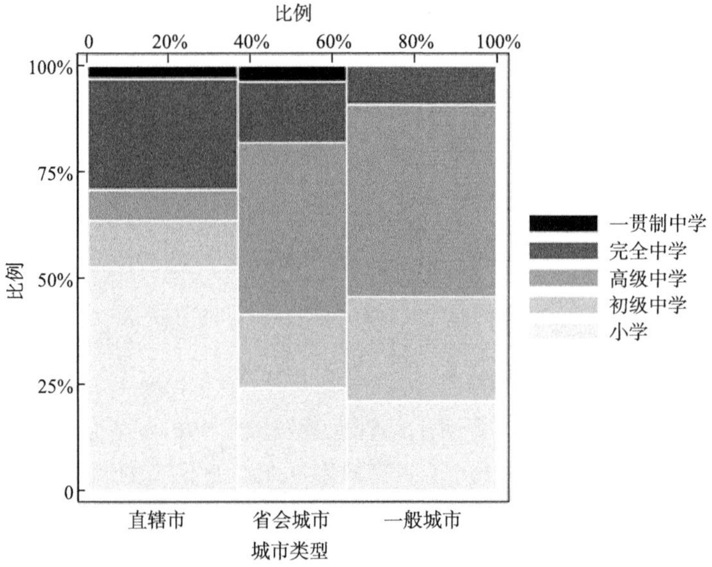

图 1-3　问卷调查的城市类型中中小学比例

学校问卷回收 1 180 份问卷，回收率为 84%，有效率为 82%；社区问卷发放 466 份，问卷回收 466 份问卷，回收率为 100%，有效率为 98%。青少年俱乐部问卷发放 132 份，回收率为 95%，有效率为 83%。根据 Earl Babbie 的研究，问卷回收率在 70%以上则符合科学问卷回收要求（李建国，2009）。

（四）调查问卷内容构成、信度和效度、统计处理方法

1. 调查问卷内容构成

按照调查对象可以分为三大类，使用了五种问卷，包括青少年体育俱乐部与社区体育俱乐部问卷、学校与社区体育场地设施对外开放问卷、社区体育俱乐部与社区体育场地设施协同研究问卷，以及两种专家效度问卷。学校与社区体育场地设施对外开放问卷由以下部分组成：调查学校、社区的基本情况；学校、社区体育场地设施的拥有现状；学校、社区体育场地设施对外开放现状；社区对学校开放体育场地设施的可行性调查；影响学校、社区对外开放的因素调查。

青少年体育俱乐部与社区体育俱乐部问卷包含俱乐部具体情况、制约青

少年体育俱乐部提供公共体育服务的因素、俱乐部发展问题、体育俱乐部的可持续发展问题。社区体育俱乐部与社区体育场地设施协同研究问卷包含以下几个部分：社区基本情况、协同的评价、制约因素。问卷采用利克特量表，每个题目有五种选项，最后一部分是开放式问题。

影响因素理论建构源于研究综述与专家访谈及已有文献。第一部分，将社区体育俱乐部、青少年体育俱乐部，以及城市社区与学校共享体育场地设施的理论分为两个内容。将影响青少年、社区体育俱乐部提供公共体育服务的因素界定为四个，分别是政府管理因素、场地设施因素、职能管理因素、运营管理因素。第二部分，将影响学校对社区共享体育场地设施的因素界定为六个，分别是政府管理因素、资源因素、教学管理因素、观念因素、安全因素、法规因素。将影响社区对学校共享体育场地设施的因素界定为政府管理因素、资源因素、环境因素、观念因素、安全因素、法规因素。第三部分，研究影响社区体育俱乐部与社区体育场地设施协同治理的因素、社区体育俱乐部与社区体育场地设施协同的必要性和重要性、区体育局与街道部门跨部门合作对社区体育俱乐部与社区体育场地设施协同的重要性等问题。

前面理论建构中将社区与学校共享体育场地设施影响因素界定为六个，为了进一步研究的需要，必须要对这些维度进行可操作的测量指标的转化，从前面文献综述的结果来看，关于影响城市社区与学校体育场地设施共享的因素的分类细化的研究还很少，仅靠借鉴前人研究结果来完善测量指标不太现实。本书访谈了十余位专家（表 1-1），访谈的问题包括您认为哪些因素阻碍了学校与社区共享体育场地设施？目前政府需要采取哪些措施加强学校与社区体育场地设施的共享、协同？这些因素包含哪些问题？其中每个因素由哪些问题构成？经过三轮次的专家访谈，选定了学校、社区的测量指标。

表 1-1　专家访谈一览表

姓名	单位	职务/职称	研究方向	访谈时间
王卫东	中国人民大学	教授	问卷设计	2014 年 5 月
石文虎	江苏省体育局群众体育处	主任科员	公共体育服务	2016 年 7 月
徐志胜	江苏省体育总会秘书处	主任	公共体育服务	2016 年 4 月
叶民	常州市体育局群众体育处	处长	公共体育服务	2016 年 4 月
冯长林	北京市朝阳区教委	科长	学校体育	2008 年 3 月
丁树俊	常州市体育总会	秘书长	公共体育服务	2016 年 4 月

续表

姓名	单位	职务/职称	研究方向	访谈时间
任海	北京体育大学	教授	体育社会学	2010 年 4 月
赖天德	北京体育大学	编审	学校体育	2009 年 3 月
孙继龙	安徽师范大学	教授	数理统计	2012 年 1 月
于显洋	中国人民大学	教授	公共体育服务	2013 年 8 月
曹培中	上海市体育局群众体育处	处长	公共体育服务	2012 年 9 月
刘海元	首都体育学院	教授	学校体育	2016 年 7 月
刘国永	国家体育总局群众体育司	司长	全民健身管理	2013 年 9 月
王莉	北京体育大学	教授	体育管理学	2014 年 7 月

2. 调查问卷信度和效度

《我国社区体育俱乐部发展现状调查问卷》的信度值 Cronbach's α 系数信度为 0.78，平均提取方差值（AVE）为 0.71，各分量表的 Cronbach's α 系数分别为 0.73、0.71、0.83、0.76，平均提取方差值（AVE）分别为 0.65、0.62、0.70、0.67，总问卷和各分问卷均符合问卷设计的要求，信度较高。《我国青少年体育俱乐部发展现状调查问卷》的信度值 Cronbach's α 系数为 0.77，平均提取方差值（AVE）为 0.71，各分量表的 Cronbach's α 系数分别为 0.83、0.71、0.73、0.71，平均提取方差值（AVE）分别为 0.70、0.61、0.63、0.60，总问卷和各分问卷均符合问卷设计的要求，信度较高。《我国城市学校体育场地设施对外开放现状及影响因素调查》的信度值 Cronbach's α 系数为 0.80，平均提取方差值（AVE）为 0.78，各分量表的 Cronbach's α 系数分别为 0.91、0.72、0.71、0.75、0.81、0.78、0.80，平均提取方差值（AVE）分别为 0.80、0.62、0.61、0.63、0.73、0.71、0.78，总问卷和各分问卷均符合问卷设计的要求，信度较高。《我国城市社区体育场地设施对外开放现状及影响因素调查》的信度值 Cronbach's α 系数为 0.80，平均提取方差值（AVE）为 0.73，各分量表的 Cronbach's α 系数分别为 0.78、0.72、0.77、0.76、0.71、0.83，平均提取方差值（AVE）分别为 0.73、0.64、0.68、0.71、0.65、0.73，总问卷和各分问卷均符合问卷设计的要求，信度较高。《社区体育俱乐部与社区体育场地设施的协同研究》的信度值 Cronbach's α 系数为 0.81，平均提取方差值（AVE）为 0.79，各分量表的 Cronbach's α 系数分别为 0.67、0.88、0.76、0.89、0.67，平均提取方差值（AVE）分别为 0.60、0.77、0.66、0.74、0.76，总问卷和各分问卷均符合问卷设计的要求，信度较高。

本节中通过对 20 位专家的咨询，对问卷的内容和结构效度进行检验，并采用内容效度比（content validity ratio，CVR）指标进行衡量。问卷的内容结构评价 CVR=0.8，结构设计评价 CVR=0.9。一般认为 CVR 在 0.7 以上就属于高效度，可见指标体系内容和结构效度较好。《我国社区体育俱乐部发展现状调查问卷》的KMO指数为0.87，各分量表的KMO指数均大于0.75，符合问卷设计的要求，效度较高。《我国青少年体育俱乐部发展现状调查问卷》的KMO指数为0.85，各分量表的KMO指数均大于0.70，符合问卷设计的要求，效度较高。《我国城市学校体育场地设施对外开放现状及影响因素调查》的KMO指数为0.85，各分量表的KMO指数均大于0.70，符合问卷设计的要求，效度较高。《我国城市社区体育场地设施对外开放现状及影响因素调查》的KMO指数为0.82，各分量表的KMO指数均大于0.69，符合问卷设计的要求，效度较高。《社区体育俱乐部与社区体育场地设施的协同研究》的KMO指数为0.88，各分量表的KMO指数均大于0.73，符合问卷设计的要求，效度较高。

3. 调查问卷的主要统计处理方法

行为科学的研究者所使用的因子分析可分为两种：探索性因子分析（exploratory factor analysis，EFA）和实证性因子分析（confirmatory factor analysis，CFA），后者是结构方程模型（structural equation modeling，SEM）的特例。两者的主要区别：第一，探索性因子分析是数据驱动式的，而SEM则是理论驱动式的；第二，探索性因子分析不能估计自变量和因变量的测量误差，而SEM可对自变量和因变量的测量误差做出估计。其中明确的理论导向是SEM的最大特点。本书中对调查问卷处理主要采用了SEM。它利用一定的统计分析技术，对复杂现象的理论模式进行处理，根据理论模式与实际数据关系的一致性程度，对理论模式做出评价，以达到对实际问题进行定量研究的目的。从统计学与方法学的发展脉络来看，结构方程模式是一般线性模型的扩展，并不是一个崭新的技术，而是因子分析（factor analysis）与路径分析（path analysis）两种重要统计技术的结合体，主要用于研究潜变量与显变量之间的关系以及潜变量间的关系（李建国，2009；吴宝升，2008）。

SEM以解释变量相关的某种理论为出发点，故研究者可通过这种分析确定先验性的因子数量、因子载荷的模型以及各因素间相关的程度。研究者可利用SEM的结果来检验预先提出的因素结构。SEM有五个相互联系的步骤，即模型设定（model specification）、模型确定（model identification）、参数估计（parameter estimation）、模型拟合优度评价（assessment of model fit）及模型修订（model modification）（李建国，2009；吴宝升，2008；郁建兴和任泽涛，2012）。

第二节 我国城市社区公共体育服务体系及相关概念界定

一、公共资源、公共服务的定义

公共资源是准公共产品的一种，具有非排他性，又有竞争性的特点，指一个人口群体共同享有的资源，包括公共环境、公共设施及在人们的生活中发挥效用的公共事物。学校体育场地设施、社区体育场地设施从公共产品的理论来说都属于公共产品。学校体育场地设施属于公共资源，因其占用者主体的关系，公共资源属性并没有体现出来。公共产品的定义为，每个人对这种产品的消费都不会导致其他人对该产品消费减少的产品。

公共服务是指政府及其公共部门运用公共权力，为满足公共需要而通过多种机制和方式的灵活运用，提供各种物质形态或非物质形态的公共物品，以不断回应社会公共需求偏好、维护公共利益的实践活动的总称。

二、公共体育服务体系的定义

公共服务是现代政府的重要职能，是惠及人民群众的重大举措，公共服务是指政府克服市场失灵，根据人民群众需求，运用公共权力和公共资源提供的物质化或非物质化服务。

公共体育服务是指政府或非政府组织在供给人们共同消费或享用的体育产品或体育服务过程中所承担的职能。公共体育服务体系是政府主导、社会参与构建的一个体现公平、公正、公益性的为普及体育活动、提高国民身体素质、传播先进体育文化、提供精神食粮、满足人民群众体育需求、保障人民群众体育权益的各种公益性体育机构和服务的总和，是为公民及其组织提供基本而有保障的公共体育服务而建立的一系列有关服务内容、服务形式、服务机制与服务政策等的制度安排。最核心的功能价值就是为国民提供公共体育产品和公共体育服务。

三、城市社区公共体育服务与城市社区公共体育服务体系

城市公共体育服务是指政府为城市居民的公共体育需要而提供的公共物品、混合物品或服务的总称（骆雷等，2006）。城市社区公共体育服务是指以社区居民为服务对象，以满足其对体育的共同需要和共同利益为目的，居民共同拥有并可能享用，对社区产生整体功效，具有公共性质的体育设备设施和相应服务。

城市社区公共体育服务体系包含了城市社区中各个主体提供的服务，它是为满足社区居民体育健身需求的相互联系、相互影响的要素组成的有机整体，这些要素构成了城市社区公共体育服务体系建设的基本结构，它们相互联系、相互作用、相互依赖，共同影响着城市社区体育事业的发展。社区公共体育服务体系的公益性意味着其具有社区的共享性，它由政府提供经费，属于社区居民所有，应当为社区居民共享。社区公共体育产品的公益性还体现在社会公用性上，它是国家和社会提供的，面向社会，服务大众，使公众能够平等地、充分地享用这些公益性的场地、设施和服务，从中获益。

四、社区体育俱乐部的概念

关于社区体育俱乐部，国内学者对其进行过定义，主要有以下几种说法。社区体育俱乐部是为社区开展体育活动提供非营利性服务的社会组织。社区型体育俱乐部是指在当地政府部门、当地体育部门和街道居委会三重管理下的公益性俱乐部。彭圣堂（2006）认为社区体育俱乐部是指“城市社区居民根据共同的目的和兴趣自愿组成的，以辖区内特定的体育场地设施为依托，经常开展体育活动，且隶属于街道办事处或社区居委会的公益性群众体育组织”。上述社区体育俱乐部的定义参照了国家体育总局颁发的《社区体育健身俱乐部试点工作方案》，在定义中认为社区体育俱乐部的性质是公益性的体育组织，参与主体是由社区居民根据兴趣自愿组成的团体，辖区内必须有场地设施作为依托，社区体育俱乐部隶属于行政管理部门（彭圣堂，2006）。本书对社区体育俱乐部的定义更倾向于：社区居民根据共同的目的和兴趣自愿组成的，以辖区内特定的体育场地设施为依托，经常开展体育活动，且隶属于街道办事处或社区居委会的公益性群众体育组织。

五、青少年体育俱乐部的概念

国家体育总局对青少年体育俱乐部的定义是利用各级体育行政部门体育彩票公益金，通过开发现有体育场馆、学校、体校、体育社会团体的体育场地设施资源，为广大青少年参加体育健身活动提供的课外体育活动场所（Bell and West，2003）。也有学者提出，青少年体育俱乐部是指试点单位利用自己所拥有的体育场（馆）、人才等社会体育资源，建立起来的一种新型的社会化青少年体育组织，它具有社会主义公益性特征，是今后国家倡导并引导发展的旨在广泛开展青少年日常体育活动的社会组织（吴宝升，2008；Bell and West，2003；胡志，2016；冯云廷，2006；Hughes，1999；范诗武，

2003；刘扬，2006；许丽英，2007；易丹辉，2008）。

本书提出，青少年体育俱乐部是在国家体育总局倡导下，具有社会主义公益性特征，依托现有学校、体校、体育场馆、社区和基层单项运动协会创建，利用各级体育行政部门体育彩票公益金，通过开发现有体育场馆、学校、体校、体育社会团体的体育场地设施资源，为社区的青少年参加体育健身活动提供的课外体育活动场所；同时也是为社区居民提供公共体育服务的一种新型的社会化的体育组织。

第三节　我国城市社区体育俱乐部服务供给现状

城市社区建设是城市公共服务建设的重点环节，受到各级政府的广泛重视，而社区体育是城市社区公共服务建设的核心环节之一。社区体育因此成为城市群众体育发展的主要形态。城市社区体育开展的状况及其发展潜力将直接影响城市居民的身心健康，也将影响到精神文明与物质文明建设的进一步深入。现阶段我国的社区体育在发展中仍然存在许多问题：第一，社区体育组织管理体制不完善；第二，社区体育经费匮乏、场地设施匮乏；第三，社会体育指导员队伍建设滞后；第四，社区体育活动项目单一，活动缺乏相应的组织。

一、我国城市社区体育俱乐部供给现状

截至 2018 年，我国已经建立了 7 批社区体育俱乐部，约有 600 家社区体育俱乐部建立。这些年我国社区体育得到了长足的发展，但是在发展中也存在一些问题，社区体育俱乐部的自身造血机制不完善、场地问题等都制约着社区体育俱乐部的发展。

（一）我国城市社区体育俱乐部组织现状

社区体育俱乐部组织现状将从俱乐部的注册情况、俱乐部管理模式这两个方面讨论。社区体育俱乐部是经过设计而形成的相对稳定的组织，有明确的俱乐部组织内关于职务及权力关系的要求。对于管理人员来说，确定组织机构是确定组织内的人员和任务之间建立什么样的联系，确定工作任务的分工（郑家鲲和张怀波，2010）。目前 60%以上的社区体育俱乐部拥有 2~3 名专职管理人员，这些管理人员主要是退休后的体育爱好者，但是很多俱乐部中的管理人员都是兼职人员，这些兼职人员基本由街道、社区的管理人员构成。调查结果表明社区体育俱乐部主要采取了以下几种管理体制。一是主任

负责制，这类俱乐部在建立之初一般由街道或者社区居委会的管理者兼职管理。二是董事会制，其中董事是俱乐部运行的设计者与指导者，这种管理模式对社区居民的需求比较了解，可以有效地设计俱乐部的活动安排，更加有利于俱乐部的发展。三是理事会制，其理事会的成员包括社会知名人士、资助者代表、受益者代表、资深专家、政府公务员、退休人员或企业代表。四是经理制，这种管理模式比较少，这和社区体育俱乐部中的公益性体育俱乐部有关。这几种管理模式各有利弊，从调研及访谈的结果来看，第一种主任负责制的俱乐部管理的绩效比较好，原因是街道或者社区的管理人员进入俱乐部管理层，在俱乐部开展活动时更容易调动各方面资源。社区体育俱乐部成立后，根据相关规定，必须到当地的主管部门登记注册。俱乐部要想正常运营，就需要登记注册，取得一个合法的社会地位，才能有相应的配套政策支持，才能进行一些营利性的活动。调查表明，俱乐部的登记注册情况不佳，主要在于民政部门审批要求比较严格，各地的审批流程形式多样，造成各地注册情况各异，如上海的社区体育俱乐部基本都已经注册，而北京的注册情况则不乐观。已经注册的社区体育俱乐部中超过90%的俱乐部都注册为体育类民办非企业单位。对社区体育俱乐部会员的管理制度的调查结果是，约有63%的俱乐部采用会员制与注册制的管理制度。

（二）我国城市社区体育俱乐部场地设施现状

社区体育俱乐部的体育场地设施是开展体育娱乐、健身等活动的前提条件，是社区体育俱乐部发展的根本。因为社区体育俱乐部是依托社区的体育场所组建的，所以社区的体育场所即俱乐部的活动场地，调查表明，前几批试点的俱乐部大多数拥有较好的体育场地设施，但是随着试点俱乐部逐渐增多，有部分街道、社区对体育场地设施所有权和使用权进行变更，将拥有所有权的场地设施和辖区内的体育场地混为一谈，如辖区内的企业的体育场地设施、学校体育场地设施都算作拥有的体育场地设施。虽然获得了社区体育俱乐部的称号，但是场地设施问题随着俱乐部活动的开展逐渐暴露出来。根据不完全统计，目前经过审批获得的社区体育俱乐部当中仅有不到10%的俱乐部拥有自己归属权的场地设施，而大部分社区体育俱乐部都没有真正意义上的体育场地设施。这直接导致了社区体育俱乐部活动开展不畅。这一部分社区体育俱乐部通过社区、街道组织关系与教育部门、学校沟通合作，将学校的体育场地设施对社区体育俱乐部有组织地开放；或是与辖区内的企业、单位联系，一起组织体育活动。一些对场地条件要求高的体育项目，如足球等活动的场地要求较高，可以租借的形式，举行足球比赛，以弥补俱乐部场地设施不足的缺陷。俱乐部利用这些借用、租用的场地设施开展活动，增加了场地设施的使用数量，解决了场地设施相对不足的矛盾。但是这个矛盾只是短暂得到解决，而未实质性得到解决。当前社区体育俱乐部的审批条件都对场地设施做出了明确的要求，尤其是对室内场地面积做出了细致的要求，但对于大城市中寸土寸金的街道、社区来说，拿出一定的场地作为社区体育的活动用地是非常困难的。因此，今后社区体育俱乐部的审批将越来越严格，谨防“有组织无阵地”“打一枪换一个地方”的社区体育俱乐部出现。在这种新的形势下，社区体育俱乐部的活动场地有了新的发展方向，就是街道社区将街道、社区的文化中心与体育活动场地合二为一，命名为文体中心。这种二合一的形式在东部沿海经济发达地区非常常见。文体中心的面积往往很大而且设置很多的功能室，极大地解决了俱乐部的活动场地问题，同时丰富了社区体育俱乐部活动的种类。但是这种办法只在东部沿海发达城市适用，对于西部、中部地区社区体育俱乐部的场地设施问题不适用。

（三）我国城市社区体育俱乐部活动现状

社区体育俱乐部的活动是社区体育俱乐部供给的核心。它包含俱乐部管理的多个方面，目的是促进社区居民有组织地参加体育活动。各地社区体育俱乐部开展的体育活动多是一些对场地设施要求不高的体育项目，如从调查结果来看，居于前几位的体育活动是乒乓球、羽毛球、太极剑、秧歌、门球，尤其后三者在中老年人群中开展非常广泛，而这几类活动对设施要求非常低。从调查的数据分析发现，俱乐部场地条件好，会更多地举行乒乓球、羽毛球这类双人的体育项目；但是场地设施条件不好的俱乐部则更多利用晨晚练点进行太极剑、秧歌这类团体性的体育活动。另外，俱乐部通常都会有日常体育活动与节假日体育活动，这是俱乐部活动的主要形式；培训的目的是让居民了解参加的体育项目，更快地融入所参加的项目中去，同时也能为俱乐部增加收入。

随着社区体育俱乐部建设的推进，为了评价体育俱乐部建设的成效，很多俱乐部应体育管理部门的要求，将国民体质监测纳入体育俱乐部活动项目，对社区中经常进行体育锻炼的居民进行体质监测，以此来衡量俱乐部建立的成效。这个做法和初衷是好的，在各地执行的情况却不尽如人意。还有的社区体育俱乐部会有定期的健康咨询、讲座，此举的目的是让居民知道自己的身体状况，为他们参加体育锻炼提供参考；冬、夏令营等活动形式虽然开展的比例不高，但是也是俱乐部增加收入以及吸引居民参加体育活动的有效手段，应该进一步推广。就目前社区体育俱乐部的体育活动开展情况来看，其直接衡量方式有两种。一是以社区居民体育锻炼的参与情况来衡量，但参与情况到目前为止只有定性的报告，涉及所在社区居民参与率的报告则没有。但是不容置疑的是社区体育俱乐部的建立极大地促进了社区居民体育锻炼。二是以社区居民参与体育锻炼后体质变化情况来衡量，这种体质跟踪相比活动更少开展。不过，从体育公共产品供给的角度来看，社区体育俱乐部的开展确实极大保障了社区居民参与体育活动的权益。

（四）我国城市社区体育俱乐部运营管理现状

社区体育俱乐部的运营管理现状从俱乐部的资金管理状况等方面展开分析。社区体育健身俱乐部的筹建资金来源于国家、省、市三级体育行政部门的体育彩票公益金和俱乐部上级单位支持经费，这作为创办社区体育俱乐部的启动扶持资金。第一批俱乐部的筹建资金按照国家、省、市、区体育局四级的投入比例为 2∶2∶1∶1，两年共计 120 万元。随着创建的俱乐部数量的增多，这个经费也从当初的 120 万元变为 100 万元，再到目前比较稳定的 50 万元，资金投入比也改为 2∶2∶1（区体育局不再投入），投入期限仍然是两年。资金的名称从当初的扶持资金改为创建资金。创建资金一旦“断奶”后，俱乐部的生存就会受到很大的影响。东部沿海经济发达地区的俱乐部自身造血机制良好，通过开展群众体育活动取得一定的俱乐部收益。但是中、西部地区的俱乐部“断奶”后，多数俱乐部生存困难，尤其是既无自身场地又无设施的俱乐部生存举步维艰。调查表明，社区俱乐部的收入资金来源主要是会费，其次是社会捐赠、赞助。这些资金收入来源对俱乐部的运营是杯水车薪，俱乐部更多依靠社区、街道的支持，依靠不上的俱乐部基本处于关闭状态。社区体育俱乐部是公益性俱乐部，其收费是较为低廉的，目前能达到收支基本平衡或是有少许盈利的俱乐部屈指可数，其他俱乐部均处于亏损状态，运营状况不佳。在实施收费的俱乐部中 40%的社区体育俱乐部实行了年卡制，约有 30%的俱乐部实施了月卡制。更多的俱乐部收取了少量的费用或没有收费。社区体育俱乐部宣传方面均采取了不同的宣传方式，首先举办各种形式的健身方法展示活动、健身项目表演和会员学习成果展示会（曾庆华，2008），然后在社区、街道中建立宣传栏，将俱乐部活动内容、信息公布出来。社会体育指导员是俱乐部中的活动组织者与指导者，从调查结果来看，社会体育指导员从数量上已经比创建的头几年获得了极大的发展，但是居民对社会体育指导员的业务能力提出了新的要求。目前存在的问题表现在社会体育指导员所学项目更新过慢。因此，当前很多社区体育俱乐部在探索社会体育指导员考核形式。此外，造成这种现状的主要原因之一就是社会体育指导员目前的激励机制尚无明确规定。

二、制约我国城市社区体育俱乐部供给的相关因素分析

（一）制约我国城市社区体育俱乐部供给的因素分析

1. 制约我国城市社区体育俱乐部供给的探索性因子分析

因子分析是主成分分析的推广和发展，也是多元统计分析中降维的一种方法。因子分析是研究相关矩阵或协方差矩阵的内部依赖关系，它将多个变量综合为少数几个因子，以再现原始变量与因子之间的相关关系。对于制约社区体育俱乐部供给因素的分析，应从围绕俱乐部生产服务的核心因素展开。本节沿用前人研究的社区体育俱乐部调查问卷，并通过专家访谈对其进行修订，形成正式问卷。因子分析适用性检验，即 KMO 和 Bartlett 球形检验。由结果可知：KMO=0.872>0.5，结果表明可以进行因子分析，但效果可能较差；Bartlett 球形统计量值为 789.32，显著性概率极小。拒绝相关系数矩阵是单位阵的假设，说明指标间具有相关性，适合进行因子分析（吴宝升，2008）。

根据表 1-2 解释方差总和的实证结果可知，前 4 个因子的累计方差贡献率达到 73.707%>60%。因此，提取 4 个因子已经能较好地描述原始指标的信息。由于初始因子载荷矩阵的各个因子在原始变量上的载荷值都相差不大，故因子含义不太好解释。因此，通过方差最大旋转法进行因子旋转解决以上问题。

表 1-2　因子分析总方差分析表（一）

成分	初始特根值		
	特根值	方差百分比	累计百分比
1	12.663	48.373%	48.373%
2	4.240	12.848%	61.221%
3	2.521	7.640%	68.862%
4	1.599	4.845%	73.707%
5	0.977	4.172%	77.878%

2. 制约我国城市社区体育俱乐部供给的验证性因子分析

以验证性因子分析制约我国城市社区体育俱乐部供给因素之间的关系，这些因素是俱乐部服务供给因素的核心。制约因素分析中将社区体育俱乐部的政府管理因素、职能管理因素、场地设施因素、运营管理因素作为潜变量。分析这些潜变量在整个影响因素中的情况，并根据研究假设设立非递归模型。非递归模型是指模型中两个变量存在双向因果关系。在路径图中，只要

有两个变量存在双向直线箭头，表明两个变量为双向因果关系，则为非递归模型。此外，变量间虽然没有直接反馈作用，但存在间接反馈作用。制约社区体育俱乐部供给因素的 SEM 中存在变量之间的相关关系的双向箭头（图 1-4）。本书保留的 26 个测量条目，共 4 个因素用于本次 SEM 分析，统计模型中的潜变量的路径系数达到显著性水平。模型拟合输出报告显示，χ^2 的值达到了显著性水平（$p<0.01$）。χ^2/df=2.24，符合 SEM 的标准。CFI=0.913，GFI=0.924>0.90。其余三项指标（IFI、NFI、NNFI）均在 0.90 以上。RMSEA 指标为 0.021，一般认为该指标低小于 0.05 表示“良好适配”，在 0.05~0.08 认为是“不错的适配”，0.08~0.10 是“中度适配”，大于 0.10 则表示“不良适配”。根据上述指标分析，总体来说模型拟合较好。

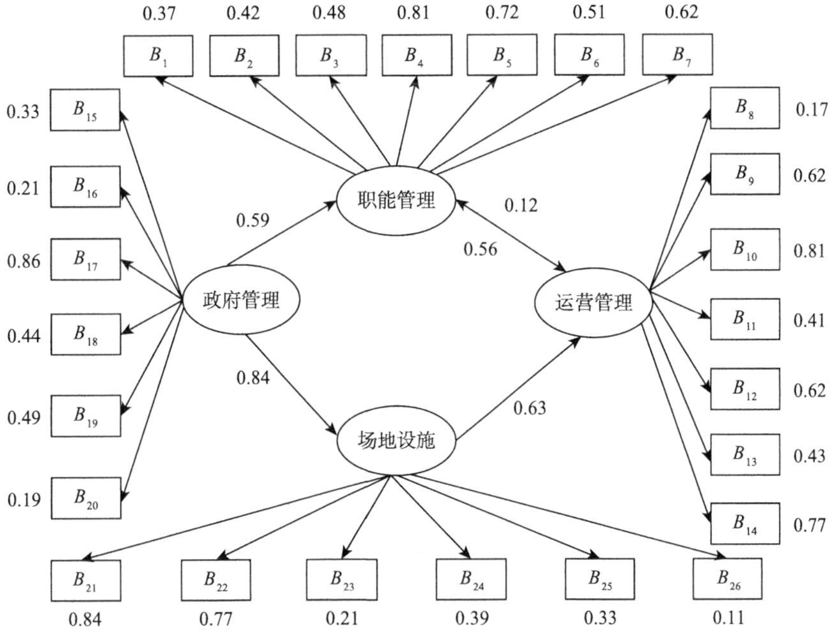

图 1-4　制约社区体育俱乐部供给因素的非递归验证模型

将经过项目分析及初次 SEM 结构检验所保留的 26 个题项，共 4 个因素用于本次 SEM 分析，样本量为 306 个，方法为最大似然法，输入数据类型为原始数据。其中 χ^2/df、RMSEA、CFI、GFI、IFI、NFI、NNFI 均有改善（表 1-3）。

表 1-3　原始模型与修正模型的各项指数对比（一）

模型拟合	χ^2/df	RMSEA	CFI	GFI	IFI	NFI	NNFI
SEM 初次	3.62	0.048	0.840	0.728	0.833	0.872	0.755

续表

模型拟合	χ^2 /df	RMSEA	CFI	GFI	IFI	NFI	NNFI
SEM 重测	2.24	0.021	0.913	0.924	0.980	0.961	0.974

注：NFI 表示规范拟合指数；NNFI 表示不规范拟合指数；IFI 为增值适配度指标；NFI 与 IFI 反映假设模型与一个假设观察变量间没有任何共变的独立模型的差异程度，二者越接近 1 表示模型适配度越佳；CFI 表示比较拟合指数，值大于 0.90，表示模型路径图与实际数据有良好的适配度；RMSEA 表示近似误差均方根，值小于 0.05，表示模型适配度佳

（二）制约我国城市社区体育俱乐部供给的政府管理因素分析

统计结果显示政府管理因素对其他因素都有正向直接或者间接的作用（图 1-4）。首先从社区体育俱乐部的政府管理因素的观测变量来看，B_{15} 政府在政策上给予很大的支持，路径系数为 0.33；B_{16} 政府给予很大的财政支持，路径系数为 0.21；B_{17} 俱乐部需要政府的稳定财政支持，路径系数为 0.86；B_{18} 目前俱乐部获得政府稳定的财政支持，路径系数为 0.44；B_{19} 俱乐部与上级部门关系很融洽，路径系数为 0.49；B_{20} 上级主管部门指导的政策法规适合俱乐部发展，路径系数为 0.19。从路径系数分析来看，俱乐部需要政府的稳定财政支持因子居于第一位，说明它在整个因子中是最重要的，这符合现实情形。

政府财政支持是社区体育俱乐部资金的主要来源，获得稳定的财政支持表明社区体育俱乐部希望政府财政支持能成为常态。财政支持两年，但是两年后政府“断奶”，对于大多数社区体育俱乐部而言在两年里难以形成自身完善的造血功能，因此从俱乐部的角度来说希望财政支持成为一种长效行为。社区体育俱乐部政府管理因素对运营管理具有直接正向作用。政府的财政支持与政策指导等直接影响到社区体育俱乐部的管理效果与效率。例如，政府管理政策宽松允许俱乐部的经营策略，那么就会导致社区体育俱乐部的运营管理有优厚的绩效。政府管理因素体现在社区体育俱乐部的成立到运营需要政府的层层审批，如俱乐部运行的管理组织架构都需要审批。

社区体育俱乐部在审核中将组织构架作为一个审核标准，因此从这个角度来说，政府管理因素对俱乐部的职能管理是有直接影响作用的，这还体现在社区体育俱乐部创建必须以有一定场地设施为条件，政府会考核俱乐部的场地设施是否能开展活动。现今社区体育俱乐部活动开展的好坏很大程度上取决于场地设施的条件好坏。场地设施条件好，可以开展的活动种类就多，这直接影响到了运营管理。这种作用反映在模型中就是政府管理作用通过职能管理因素、场地设施因素对运营管理的间接作用，换句话说，职能管理与场地设施因素在这里是一个中介变量。社区体育俱乐部发

展的这些年中，政府管理因素在其中发挥着非常重要的作用，具体表现在创建初期的条件审核到运营中的政策支持各个环节都有政府管理因素的体现。可以说若没有政府的推动作用，社区体育俱乐部这种公益性的体育俱乐部基本难以建立。

（三）制约我国城市社区体育俱乐部供给的职能管理因素分析

从图 1-4 非递归验证模型的验证结果发现，职能管理因素对运营管理具有正向直接的影响，路径系数为 0.56。B_1 俱乐部管理组织健全，路径系数为 0.37；B_2 俱乐部有明确的发展目标，路径系数为 0.42；B_3 俱乐部的体育健身活动组织得很合理，路径系数为 0.48；B_4 俱乐部的组织管理制度很完善，路径系数为 0.81；B_5 俱乐部拥有完善的管理团队，路径系数为 0.72；B_6 俱乐部体育指导员很专业，路径系数为 0.51；B_7 俱乐部有足够数量的体育指导员，路径系数为 0.62。俱乐部管理制度很完善，路径系数最大，可见这个因子对职能管理的影响最大。社区体育俱乐部组织健全、完善有利于俱乐部开展工作。俱乐部有足够数量的体育指导员，路径系数为 0.62，居于因素中的第三位。社区体育俱乐部中的体育指导员对社区体育俱乐部的活动开展状况有很大影响。路径系数绝对值的大小表明了该题项对这个因子的贡献，据此可以在今后社区体育俱乐部中加强体育指导员的相关建设以提高社区体育俱乐部的管理绩效。社区体育俱乐部的职能管理因子与运营管理是互为因果的关系，职能管理对运营管理的路径系数为 0.56，大于运营管理对职能管理的路径系数（0.12），职能管理因素对运营管理的影响大于运营管理对职能管理的影响。

（四）制约我国城市社区体育俱乐部供给的场地设施因素分析

场地设施因素受到政府管理因素的影响，社区体育俱乐部场地设施因素对运营管理因素有直接的正向影响作用。场地、设施是社区俱乐部运营管理的先决条件。结合前人研究与本书的实地调研发现，社区体育及社区体育俱乐部开展不畅中最关键的因素就是场地设施因素。社区体育俱乐部不同于青少年体育俱乐部，青少年体育俱乐部在很大程度上依靠学校开展体育活动，而社区目前没有专门的场地开展活动，这直接表现为俱乐部的运营管理受到影响。场地设施因素当中，B_{21} 俱乐部的体育场地设施、器械很齐全，路径系数为 0.84；B_{22} 俱乐部有足够的活动场地，路径系数为 0.77；B_{23} 俱乐部的锻炼环境很好，路径系数为 0.21；B_{24} 俱乐部有足够的晨晚练点，路径系数为 0.39；B_{25} 俱乐部离社区居民的居住地很近，路径系数为

0.33；B_{26}俱乐部场地设施经常维护，路径系数为 0.11。路径系数反映出俱乐部场地设施因素中，体育场地设施、器械对俱乐部场地设施因素的影响力最大，有足够的活动场地因子权重居于第二位，有足够的晨晚练点居于第三位。体育场地设施、器械在场地设施因素中的路径系数最大，说明其对场地设施的影响力度最大。加大力度建设社区体育俱乐部的活动场地设施对整个场地设施因素有一定的促进作用。最后，调查中发现 B_{22}、B_{21}这两个题项的均值在 2.91~3.81（题项为 5 级利克特量表，1 为最好，5 为最差），表明社区体育俱乐部的活动场地还存在不足。毕竟社区体育俱乐部必须依靠场地来提供体育健身服务，如果这个问题不能得到改善，那么将直接影响社区体育俱乐部的供给。

（五）制约我国城市社区体育俱乐部供给的运营管理因素分析

运营管理是社区体育俱乐部宏观管理与微观管理效果的体现，运营管理的好坏体现了俱乐部是否能盈利。运营管理受到政府管理因素、场地设施因素、职能管理因素的共同影响。如果一个俱乐部的绩效不良，则对俱乐部职能管理的影响是直接的。运营管理因素当中，B_8俱乐部会员定价比较合理，路径系数为 0.17；B_9俱乐部有足够的活动经费，路径系数为 0.62；B_{10}俱乐部有丰富的活动项目，路径系数为 0.81；B_{11}俱乐部有稳定的活动项目，路径系数为 0.41；B_{12}俱乐部能满足在校学生的健身需求，路径系数为 0.62；B_{13}俱乐部可以保持收支平衡，路径系数为 0.43；B_{14}俱乐部筹集资金来源渠道多样，路径系数为 0.77。路径系数显示丰富的活动项目权重最大，表明它对运营管理因素的影响最大，也反映出目前社区体育俱乐部在活动方面非常欠缺，若社区体育俱乐部活动丰富，则社区体育俱乐部的参与人数会有上升。俱乐部筹集资金来源渠道多样的路径系数在运营管理因素中占第二位，说明俱乐部筹集资金来源渠道多样性对运营管理因素有较大的帮助作用。

第四节　我国城市青少年体育俱乐部服务供给现状

青少年体育俱乐部样本是从本次调查的 1 180 个有效中小学的样本中筛选出的有青少年体育俱乐部的学校样本。样本要符合以下条件：第一，有青少年体育俱乐部的学校；第二，学校在城市社区中。问卷主要委托当地的体育部门与教育部门代为发放。国家体育总局青少年体育司 2017 年公布的国家级青少年体育俱乐部共计 460 个，为了实现研究的经济性，进行了抽样，抽取 203 个中小学的青少年体育俱乐部负责人填写问卷。

青少年体育俱乐部供给涵盖很多方面，因此其供给现状应包含与供给直接相关的因素：政府管理因素、职能管理因素、场地设施因素、运营管理因素。从这四个因素的分析展开对青少年体育俱乐部供给现状的分析。

一、我国城市青少年体育俱乐部供给现状

（一）我国城市青少年体育俱乐部场地现状

青少年体育俱乐部是城市社区青少年根据共同的目的和兴趣自愿组成的，以辖区内特定的体育场地设施为依托，经常开展体育活动的公益性群众体育组织。从上述的概念界定中不难发现，青少年体育俱乐部必须有挂靠的单位才能建立。依据国家体育总局的青少年体育俱乐部的相关管理规定，挂靠单位须具有一定的体育场地条件。2014 年第六次全国体育场地普查数据显示（易丹辉，2008）（表 1-4），38.98%的体育场地在教育系统，其中中小学的体育场地数量占比 34.51%。

表 1-4　第六次全国体育场地普查数据各系统体育场地数量及面积情况

系统类型	场地数量/万个	数量占比	场地面积/亿米^2	面积占比
体育系统	2.43	1.43%	0.95	4.79%
教育系统	66.05	38.98%	10.56	53.01%
其中：高等院校	4.97	2.94%	0.82	4.15%
中小学	58.49	34.51%	9.29	46.61%
其他教育系统	2.59	1.53%	0.45	2.25%
军队系统	5.22	3.08%	0.43	2.17%
其他系统	95.76	56.51%	7.98	40.03%
合计	169.46	100%	19.92	100%

资料来源：肖林鹏（2008）

目前，我国青少年体育俱乐部可以选择的挂靠单位有学校、运动学校或体校、单项协会或民办俱乐部、体育场馆、街道与活动中心。青少年体育俱乐部挂靠的这几类组织当中，学校、体育场馆、活动中心与运动学校或体校具有较好的体育场地条件，因此青少年体育俱乐部所挂靠的上级组织对其具有正向的影响，体现在对青少年体育俱乐部开展活动的支持力度相当大。调查结果显示（崔立根和张惠，2010），截至 2004 年底我国超过 30%的青少年体育俱乐部挂靠学校（图 1-5），依靠学校的场地开展活动，这一部分俱乐部在开展活动时挂靠单位给予了支持。需要注意的是，2.3%的挂靠街道与活动

中心和 3.5%的挂靠单项协会或民办俱乐部的场地条件不容乐观，原因在于挂靠单位本身的体育场地条件不足。因此，挂靠单位的体育场地是一个先决条件。假如体育场地有限，俱乐部就很有可能不选择这个挂靠单位。从这个方面看，青少年体育俱乐部的场地条件现状是好于社区体育俱乐部。从已经创建的几批俱乐部来看，多数依托单位都有较好的体育场地和器材条件。但是，个别俱乐部条件相对较差，难以开展活动。主要原因是对创建单位资格审核不严。受场地维修、安全问题等因素的影响，很多依托单位的体育场馆没能很好地向广大青少年开放，场地设施缺乏充分的利用。

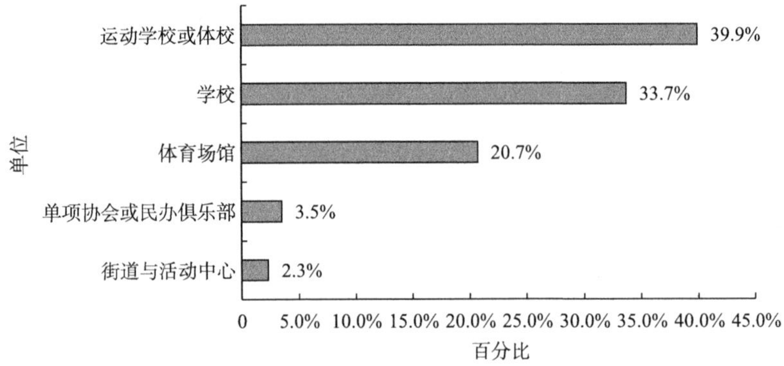

图 1-5　我国青少年体育俱乐部依托单位分布图

因四舍五入，合计不等于 100%

（二）我国城市青少年体育俱乐部活动现状

根据开展活动项目的不同，青少年体育俱乐部分为综合性俱乐部和单项俱乐部两大类。活动形式包括健身指导和服务，体育竞赛（交流），各种培训活动，冬、夏令营等。所调查的综合性俱乐部和单项俱乐部所开展的活动形式最多的是体育竞赛（交流）（樊炳有，2009a）（表 1-5）。在对青少年体育俱乐部活动的调查中发现，体育竞赛的表演、组织与服务活动相对开展较少。直辖市的青少年体育俱乐部较多开展健身指导和服务，省会城市的青少年体育俱乐部则以各种培训活动与冬、夏令营活动为主。上述这些活动中青少年体育俱乐部举办各种培训活动多采用收费制，收费方式一般为按次收费。健身指导和服务为主的活动则多按照学校的学期收费。访谈中发现，俱乐部目前所开展的活动能支持整个俱乐部的开支的非常少。俱乐部这些活动缺少相应的规划，基本上都是根据学校中青少年的实际情况及俱乐部所拥有的教师资源来开展活动，俱乐部的教师资源对俱乐部开展活动影响非常大。俱乐部的教练员多来自本单位的体育教师或教练员，他们在完成本职工作的基础上利用业余时间组织培训和竞赛活动。只有个别项目，如武术、棋类、体育舞蹈等，在本校师资力量不足的情况下，会聘请来自社会上的体育指导员。

表 1-5　各类俱乐部开展活动形式统计表

活动形式	综合性俱乐部	单项俱乐部
体育竞赛（交流）	91.20%	91.00%
各种培训活动	88.30%	84.70%
健身指导和服务	61.00%	38.70%
冬、夏令营	59.50%	59.50%

青少年体育俱乐部的活动开展类型单一，而且活动的开展与该俱乐部的师资丰富程度紧密联系。此外，俱乐部活动开展还受学校主管领导的支持力度大小的影响。访谈中很多俱乐部虽然在学校挂靠，但是相关领导支持力度小，造成依赖体育场地设施的青少年体育活动开展不畅。尤其是挂靠在街道社区的青少年体育俱乐部，对体育场地设施依赖很大的活动基本开展不了。主管领导支持力度小，挂靠单位没有体育场地，这就极大地阻碍了活动的开展。

（三）我国城市青少年体育俱乐部社会体育指导员现状

当前我国城市青少年体育俱乐部在拥有体育指导员方面具有相对良好的资源，因为不管挂靠在学校还是挂靠在其他组织，这些组织当中的体育指导员都比较多。一方面，这和我国体育指导员队伍经过几年的建设而逐渐壮大起来有关；另一方面，青少年体育俱乐部在经过国家评审时体育指导员拥有情况是一个严格的评审条件。调查表明（图 1-5），我国有 73.6%的俱乐部依托学校或体校，体育系统的负责人和工作人员往往有教学、科研任务，俱乐部的活动是兼职，难以全身心投入俱乐部的活动中来（丁元竹和江汛清，2006）。体育指导员基本都是来自挂靠学校的老师，在青少年体育俱乐部做兼职（表 1-6）。学校的体育指导员指导活动的种类少，掣肘了青少年体育俱乐部的活动开展。简言之，青少年体育俱乐部在体育指导员数量上已经基本满足青少年体育俱乐部的需求，而在体育指导员的体育专项种类方面还难以满足当前俱乐部的需求。挂靠在单项协会或民办俱乐部及街道的青少年体育俱乐部，其指导员数量较挂靠其他单位的俱乐部少。另外，兼职体育指导员数量大于专职指导员，并且志愿者占据大多比重（88.5%）。兼职指导员数量较大是因为青少年体育俱乐部开展活动的时间基本在中小学的非教学时间，所以要求体育指导员只在这个时候来俱乐部进行指导。兼职形式的体育指导员造成指导员的流动非常大，专职形式的体育指导员只在很少一部分的俱乐部中存在，而专职形式的体育指导员基本上也是俱乐部的管理人员，这直接导致俱乐部在开展活动上不能开展得很充分。

表 1-6 青少年体育俱乐部体育指导员情况统计表

人员类别	专职	兼职
社会体育指导员	12.4%	15.0%
体育教师	11.5%	22.7%
教练员	25.3%	28.8%
其他人员	12.2%	12.4%
志愿者	88.5%	

（四）我国城市青少年体育俱乐部运营现状

本小节所涉及的运营现状主要从俱乐部的资金来源、注册登记、宣传这几个方面展开阐述。现今俱乐部的资金来源在建立之初主要依靠国家的支持。青少年体育俱乐部的前期运作经费主要由中国体育彩票公益金资助（表 1-7），国家、省、市分别以 2∶2∶1 的比例投入，国家体育总局直属场（馆）创建的综合性体育俱乐部，由国家体育总局投入扶持资金 10 万元；单项体育俱乐部扶持资金为 7.5 万元（游泳项目除外）。综合性体育俱乐部，由国家、省（自治区、直辖市）、地（市）三级体育行政部门体育彩票公益金共同投入扶持资金 10 万元；单项体育俱乐部（游泳项目除外），国家 3 万元、省（自治区、直辖市）3 万元、地（市）1.5 万元投入扶持资金 7.5 万元（崔立根和张惠，2010；樊炳有，2009a）。西部地区适当增加了投资比例。此笔款项属于专款专用，各省区市对此可以实行审计。

表 1-7 我国青少年体育俱乐部的前期运作经费统计表 单位：万元

俱乐部类型	国家体育总局	属地
综合性体育俱乐部	10	国家 4、省（自治区、直辖市）4、地（市）2
单项体育俱乐部	7.5（游泳项目除外）	国家 3、省（自治区、直辖市）3、地（市）1.5（游泳项目除外）

从访谈中得到，主要经费用在了购买体育器材、组织各类体育活动、俱乐部的宣传和场地器材的维修上，其余一部分经费用在了教练员的课酬和管理人员的补贴方面。但是两年之后的资金来源更多地依靠活动收费与挂靠单位的资金支持，挂靠单位的资金支持所占比例更大。这种情况对于活动开展

不利的青少年体育俱乐部来说更为明显。缺乏上述两类资金来源的俱乐部生存空间极为狭窄。国家体育总局建立青少年体育俱乐部的初衷是资助结束后，各俱乐部要靠自身的造血功能服务社会。从早期的试点单位来看，有一定比例的俱乐部已经存在名存实亡的迹象，前期投入的资金也已消耗殆尽。这种现象在西部地区比较明显。

资金获取最多的活动的排序是健身指导和服务，各种培训活动，冬、夏令营，体育竞赛（交流），组织与服务，其他。这里健身指导和服务是指在非教学时间青少年体育俱乐部所开展的中小学学生的体育锻炼指导活动。从俱乐部所在城市类型来看，直辖市的青少年体育俱乐部的运营整体情况要明显好于一般城市，但是省会城市当中的各种培训活动要好于其他两类城市。青少年体育俱乐部的注册制度仍不完善，没有实行有关的注册制度，只是各省区市围绕俱乐部工作的开展和工商、税务等部门建立了会商制度，以扶持青少年体育俱乐部的发展。从青少年体育俱乐部的注册情况来看，超过60%的俱乐部没有注册登记。没有注册登记就造成了俱乐部在收费方面受到很大的制约。在40%注册的青少年体育俱乐部当中仅有不到30%的俱乐部是体育类民办非企业单位。原因在于各地民政部门对体育类民办非企业单位的审批苛刻，造成审批程序上困难重重。另外，对于社团的审批程序也非常严格，必须挂靠单位的担保。注册类型为体育类民办非企业单位的俱乐部，给青少年体育俱乐部的独立运营、实行财务单独核算提供了良好的基础。最后，青少年体育俱乐部的宣传调查中，宣传推广手段处于前位的是借助比赛活动、广播电视和报纸期刊。

二、制约我国城市青少年体育俱乐部供给的相关因素分析

（一）制约我国城市青少年体育俱乐部供给的因素分析

1. 制约我国城市青少年体育俱乐部供给的探索性因子分析

青少年体育俱乐部的核心职能是提供青少年的体育锻炼服务供给。对青少年体育俱乐部供给因素的分析必须围绕俱乐部生产服务的核心因素来探讨，才能透彻分析俱乐部供给因素。因此本小节采用探索性因子分析来讨论制约青少年体育俱乐部供给的因素。如前文分析，制约青少年体育俱乐部供给的因素是一个潜变量，这个因素由很多其他因素构成。本书假设制约青少年体育俱乐部供给的因素由俱乐部政府管理因素、场地设施因素、职能管理因素、运营管理因素这四个因素构成。

要验证研究假设，首先对问卷进行项目分析，按照以下步骤进行计

算：①将各题项得分的高、低 27%作为高低组的分组指标，对两组中各题项的平均得分使用 t 检验进行检验，若 $p>0.05$ 表示鉴别力不高，应将此题项删除；②将校正题总相关（各分量表中每个题项的分数与扣除该题项之后分量表总分间的校正相关）<0.3 的题项删除；③将题总相关<0.4 的题项删除；④用各个因素中的 Cronbach's α 系数进行测算，删掉一些题项，最后做总量表的 Cronbach's α 系数。在本书的第一章第一节第二部分及第二章第三、四节中均采用此方法，故在后面不再赘述。

探索性因子分析主要目的是通过数据分析探索问卷条目的集中性来验证理论假设。由 KMO 及 Bartlett 球形检验结果可知 KMO=0.852，大于 0.6，Bartlett 球形检验的 χ^2=3.755，自由度为 528（$p<0.000\,1$），说明青少年体系问卷数据适合进行因子分析。表 1-8 列出了因子分析总方差分析结果，显示第五个因子的值接近 1。

表 1-8　因子分析总方差分析表（二）

成分	提取平方和载入		
	特根值	方差百分比	累计百分比
1	9.160	27.757%	27.757%
2	3.762	11.400%	39.157%
3	2.219	6.725%	45.882%
4	1.292	3.916%	49.798%
5	0.946	3.170%	52.968%

2. 影响我国城市青少年体育俱乐部供给的验证性因子分析

在本小节中对制约青少年体育俱乐部供给的因素进行验证性因子分析。在因子分析和结构方程理论知识的基础上，在制约青少年体育俱乐部供给的因子分析中将青少年体育俱乐部的政府管理因素、职能管理因素、场地设施因素、运营管理因素作为潜变量，并分析这些潜变量在整个影响因素中的情况，详见表 1-8 影响青少年体育俱乐部供给的因素的测量指标。根据研究假设设立非递归模型。同时，模型中没有变量之间的相关关系的双向箭头。

本书所保留的 26 个测量条目共 4 个因素用于本次 SEM 分析，输出得到初级模型后，根据 MI 指数以及相关的理论基础对模型进行修正，最终得到重测模型如图 1-6 所示。模型中的潜变量的路径系数均达到显著性水平。模型分析结果显示，χ^2 的值达到了显著性水平（$p<0.01$）。χ^2/df=2.15，符合 SEM 的标准（表 1-9）。CFI=0.992>0.90，GFI=0.975>0.90。其余三项指标（IFI、NFI、NNFI）均在 0.90 以上。RMSEA 为 0.031，总体来说模型拟合较好。

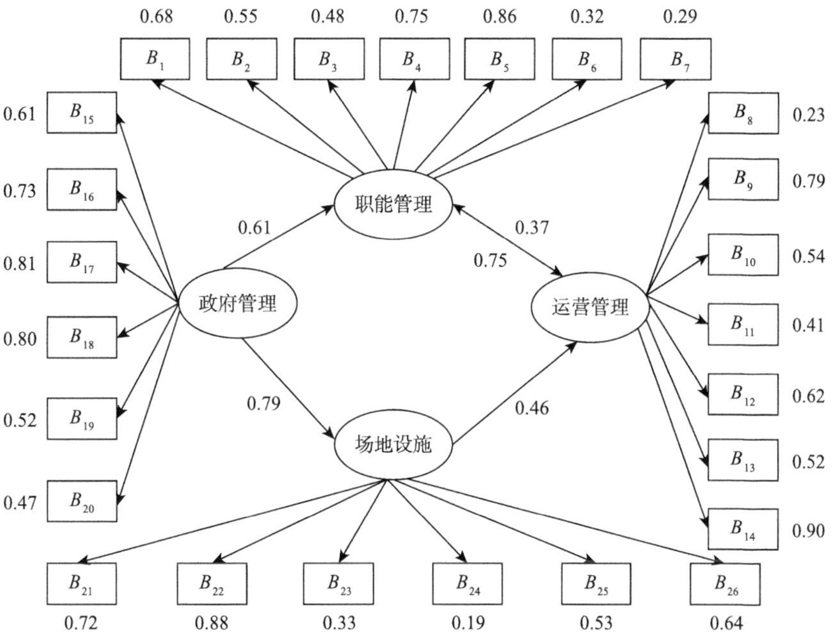

图 1-6　制约青少年体育俱乐部供给因素的非递归验证模型

表 1-9　原始模型与修正模型的各项指数对比（二）

模型拟合	χ^2/df	RMSEA	CFI	GFI	IFI	NFI	NNFI
SEM 初次	3.47	0.048	0.845	0.761	0.840	0.865	0.773
SEM 重测	2.15	0.031	0.992	0.975	0.947	0.967	0.928

将经过 MI 指数修正及初次 SEM 结构检验所保留的 26 个题项共 4 个因素用于本次 SEM 分析，方法为最大似然法。输出结果见表 1-9。其中重测模型的指数均有提高。

（二）制约我国城市青少年体育俱乐部供给的政府管理因素分析

从图 1-6 非递归验证模型的验证结果分析发现政府管理因素对其他因素都有正向直接或者间接的作用。首先从青少年体育俱乐部的政府管理因素的观测变量分析，B_{15} 政府在政策上给予很大的支持，路径系数为 0.61；B_{16} 政府给予很大的财政支持，路径系数为 0.73；B_{17} 俱乐部需要政府的稳定财政支持，路径系数为 0.81；B_{18} 目前俱乐部获得政府稳定的财政支持，路径系数为 0.80；B_{19} 俱乐部与上级部门关系很融洽，路径系数为 0.52；B_{20} 上级主管部门指导的政策法规适合俱乐部发展，路径系数为 0.47。从路径系数分析来看，政府稳定的财政支持路径系数为 0.81，居于第一位，说明它在政府管理因素中是最重要的，这符合现实情形。目前政府财政支持是青少年体育俱乐部资金的主要来源，获得政府稳定的财政支持路径系数为 0.80，也表明青少年体育俱乐部希望政府财政支持能成为一种长久性的行为。青少年体育俱乐部在建成后的两年里获得政府的财政支持，但是两年后政府“断奶”，大多数青少年体育俱乐部在两年里难以形成自身完善的造血功能，因此从俱乐部的角度来说希望财政支持成为一种长效行为。青少年体育俱乐部政府管理因素对运营管理具有直接正向作用，这和现实情境一样，政府的财政支持与政策指导等直接影响到青少年体育俱乐部运营良劣。政府管理因素对俱乐部的职能管理具有正向显著性影响，体现在青少年体育俱乐部的成立、管理组织架构需要核批，还体现在俱乐部标准化的创建条件，以一定场地设施为条件，也以场地设施是否能开展活动为条件。场地设施有助于运营管理，在模型中就是政府管理作用通过职能管理因素、场地设施因素对运营管理的间接作用，换句话说，职能管理与场地设施因素在这里是中介变量。政府管理因素是职能管理因素、场地设施因素对运营管理因素的作用的原动力，可见在当前青少年体育俱乐部的发展中政府管理是非常重要的。

（三）制约我国城市青少年体育俱乐部供给的职能管理因素分析

统计分析路径系数为 0.75，表明职能管理因素对运营管理具有正向直接的影响。青少年体育俱乐部的职能管理因素的观测变量当中，B_1 俱乐部管理组织健全，路径系数为 0.68；B_2 俱乐部有明确的发展目标，路径系数为 0.55；B_3 俱乐部的体育健身活动组织得很合理，路径系数为 0.48；B_4 俱乐部的组织管理制度很完善，路径系数为 0.75；B_5 俱乐部拥有完善的管理团队，路径系数为 0.86；B_6 俱乐部体育指导员很专业，路径系数为 0.32；B_7 俱乐部有足够数量的体育指导员，路径系数为 0.29。从上述路径系数可以看到俱乐部拥有完善的管理团队的路径系数最大，可见这个因子对职能管理的影响最大，青少年体育俱乐部管理的优劣取决于管理组织是否完善、健全，因为组织健全、完善有利于俱乐部开展工作。俱乐部的组织管理制度很完善的路径系数为 0.75，居于职能管理因素的第二位，从管理学的角度来讲，制度规章的完善意味着组织已经朝向正规化发展。路径系数绝对值的大小表明了这个因素的贡献。据此可以在今后青少年体育俱乐部中加强相关方面的建设以提高青少年体育俱乐部的管理绩效。职能管理与运营管理互为因果的关系，职能管理对运营管理的路径系数为 0.75，大于运营管理对职能管理的路径系数（0.37），表明职能管理对运营管理的影响大于运营管理对职能管理的影响。

（四）制约我国城市青少年体育俱乐部供给的场地设施因素分析

政府管理对青少年体育俱乐部的场地设施有直接的影响，体现在场地设施修建的经费、标准的设立由政府来支持和决定；但场地设施对俱乐部的运营管理存在制约。场地设施因素中，B_{21} 俱乐部的体育场地设施、器械很齐全，路径系数为 0.72；B_{22} 俱乐部有足够的活动场地，路径系数为 0.88；B_{23} 俱乐部的锻炼环境很好，路径系数为 0.33；B_{24} 俱乐部有足够的晨晚练点，路径系数为 0.19；B_{25} 俱乐部离社区居民的居住地很近，路径系数为 0.53；B_{26} 俱乐部场地设施经常维护，路径系数为 0.64。路径系数中活动场地对俱乐部场地设施因素的影响力最大，其次是俱乐部的设施、器械。从数据分析的角度来看，加大力度建设青少年体育俱乐部的活动场地设施将对场地设施因素有促进作用。最后，B_{22} 与 B_{21} 的均值在 2.76~3.09（题项为 5 级利克特量表，1 为最差，5 为最好），表明青少年体育俱乐部的活动场地有不足的地方，场地设施是一切体育健身服务的核心。

（五）制约我国城市青少年体育俱乐部供给的运营管理因素分析

运营管理因素受到政府管理因素、场地设施因素、职能管理因素的共同影响；场地设施因素、职能管理因素是运营管理因素的因变量，政府管理因素还通过职能管理因素与场地设施因素对运营管理因素有影响作用，表明俱乐部运营管理是青少年体育俱乐部供给中的重要变量，前端供给的优劣全部体现在运营中。青少年体育俱乐部管理中，运营管理是一切俱乐部供给管理绩效的综合表现。这种综合表现对俱乐部的职能管理也有影响，在模型当中运营管理对职能管理有反馈。如果一个俱乐部的绩效不良，则对俱乐部的职能管理有显著影响。运营管理因素当中，B_8 俱乐部会员定价比较合理，路径系数为 0.23；B_9 俱乐部有足够的活动经费，路径系数为 0.79；B_{10} 俱乐部有丰富的活动项目，路径系数为 0.54；B_{11} 俱乐部有稳定的活动项目，路径系数为 0.41；B_{12} 俱乐部能满足在校学生的健身需求，路径系数为 0.62；B_{13} 俱乐部可以保持收支平衡，路径系数为 0.52；B_{14} 俱乐部筹集资金来源渠道多样，路径系数为 0.90。路径系数显示俱乐部筹集资金来源渠道多样的路径系数最大，表明它对整个因素的影响最大，也反映出目前青少年体育俱乐部缺乏造血机制，资金来源多样化对保障俱乐部活动资金充足有重要作用。俱乐部有足够的活动经费的路径系数在该因素中居第二位，说明该因子会制约运营管理因素。

第五节 我国城市社区公共体育服务体系中存在的问题

一、我国城市公共体育服务供给低效率

青少年体育俱乐部、社区体育俱乐部（以下二者简称俱乐部）都由国家资助筹建、管理，难以避免行政化倾向、官僚化和运营管理的低效率，具体表现在，不根据群众的体育需求来供给体育服务，等靠思想严重导致无法形成造血功能。俱乐部虽然定义为一个民办非企业的民间非营利组织，但从其实际创建和发展中，可以清晰地看到其“政府足迹”的实际结果，这种自上而下的体育组织，其国家性与社会性只是在文字上可以体现，在实际中是无法理清的。俱乐部要受到体育局、民政局、体育协会、所属街道的四重管制，青少年体育俱乐部的管理者会面临五重管制。俱乐部在这种多重管理模式下，其积极性难以得到最大化的发挥，那么俱乐部在体育服务供给时就不愿意根据城市居民的需求来生产体育服务，这时公共体育服务的供给是低效率的，因为从俱乐部的生产来说，俱乐部始终未将俱乐部的生产能力发挥至最大化，此外生产出来的体育服务也是与市民需求不相符的。在这种情景下供给就是低效率的。供给低效率并不是一维的，它会产生一系列副作用，如俱乐部造血不足、职能定位不清。

二、我国城市公共体育服务供给中自身造血不足

本小节分析俱乐部供给中自身造血不足的原因。造血不足的原因是俱乐部的运营管理问题。运营管理因素是政府管理因素、场地设施因素、职能管理因素的因变量，政府管理因素还通过职能管理因素与场地设施因素对运营管理因素有影响作用，这意味着俱乐部运营管理在俱乐部供给中扮演着非常重要的角色。造血功能是运营管理、供给优劣的体现。本小节对造成自身造血功能匮乏的深层次原因进行剖析。第一，国家筹建的俱乐部定位于公益性的体育俱乐部，任务皆在提供公共体育服务（彭圣堂，2006）。它与营利性质的商业性俱乐部有着本质的差异，俱乐部要运营，就需要到民政部门登记注册民办非企业单位，才能有相应的配套政策支撑。国家对民办非企业单位的界定是，利用非国有资产运营的民办企业。俱乐部依托的体育场馆是不是国有资产，俱乐部依托单位是不是民办单位等问题给俱乐部的登记注册带来了困难。目前，注册问题困难重重，问题不解决，俱乐部就没有相应的配套政策，其业务不能开展，收费标准无法建立，经营管理、公共体育服务供给

就是空谈。因此，造血不足在很大程度上是俱乐部的性质不清造成的。第二，从体育俱乐部的性质来看，公益性体育俱乐部面向大众提供公共体育服务。公共体育服务最大的特点就是政府投资，那么俱乐部本身就需要有造血功能吗？具有造血功能的公益性体育俱乐部似乎是一个合理的命题，但是该命题隐含的意思是，公益性体育俱乐部就一定要有造血功能。笔者对俱乐部研究中提及造血功能的文献进行梳理，始终很难找出此提法的源头。这种提法的不完善之处就是忽略了政府向公共体育服务生产部门购买服务保障其运转，那么俱乐部自身造血功能不足的根本就是政府购买服务能力的不足。第三，造血不足还在于俱乐部难以独立拥有场地设施，当前俱乐部当中基本上没有属于自身所有的场地。这就好比没有劳动工具，没有劳动工具，那么生产劳动产品必然受影响。第四，政府政策法规不足。这两类俱乐部是政府针对不同人群提供服务的生产组织，两类俱乐部都是政府筹建。但是筹建中的资金都能及时到位，唯独相关政策法规迟迟不能到位，时至今日也是如此。政策法规供给匮乏致使俱乐部运营管理的相关法规不健全，造成俱乐部难以造血，这从另外一个方面也说明政府部门对俱乐部不够重视。

三、我国城市公共体育服务供给中的重叠性

在案例分析中，徐家汇社区体育俱乐部向青少年提供体育服务，同时青少年体育俱乐部也向社区提供服务。从一个方面看，社区体育俱乐部与青少年体育俱乐部相互弥补了公共体育服务供给上服务人群中的真空，这对于城市公共体育的发展有极大的好处。但是好处的背后暗含着这样一个问题，即这两类俱乐部在服务人群上的特点并没有真正在实践领域中体现出来。换句话说，就是公共体育服务供给的重叠性。这种重叠性在青少年体育俱乐部与社区体育俱乐部建设数量较少的地区，通过服务地域的不同，达到服务不同人群的目的，这对区域公共体育发展有很大益处，公共体育资源没有浪费；如果在青少年体育俱乐部与社区体育俱乐部建设数量较多的地区，就是一种重复建设，更严重地说，是资源的浪费。

上述论述中有一个假设就是青少年体育俱乐部与社区体育俱乐部在城市建设中比较少，但是这个假设基本不存在，也就是说当前城市公共体育发展中对这两种俱乐部都进行大量建设。这些俱乐部虽然没有暴露出大量的供给的重叠性，但是如果对这种情况不加以控制，供给重叠问题迟早都会出现。这背后隐含的信息就是公共体育资源有一定的浪费，这种资源体系是非常大的，包含人员、设施、经费等。从另一个方面看，既然青少年体育俱乐部可以服务社区，社区体育俱乐部也可以服务青少年，说明本质上这两种体育俱

乐部供给中的人群与地域的界限只是一个虚幻的概念，人们意想的概念，在现实中并不存在。这种重叠性为我们今后解决社区体育俱乐部与青少年体育俱乐部服务供给提供了非常有价值的思路，这个思路就是青少年体育俱乐部和社区体育俱乐部可以统一称谓，其中还有很多问题，将在后面做详细的分析。

四、我国城市公共体育服务供给中的短缺性

对我国城市公共服务供给短缺性的分析将围绕前文 SEM 分析中的四个因素展开，因为这个四个因素决定了俱乐部对公共体育服务的供给状态。首先，从俱乐部的场地设施因素分析讨论，前文分析指出社区体育俱乐部的场地设施目前是受到影响最大的，究其原因，多数俱乐部本身没有自己的场地，因此在开展体育活动时受到很大影响。青少年体育俱乐部的挂靠单位主要是学校，学校对自有场地设施的支配权力非常大，这对青少年体育俱乐部的活动开展有很大的支持作用，但是这建立在青少年体育俱乐部的挂靠单位非常支持的前提下。然而，目前青少年体育俱乐部普遍暴露出挂靠单位的领导对俱乐部的工作不支持，从而直接导致俱乐部在开展活动时受阻。综上，这两种俱乐部在公共体育服务供给的过程中，必然受到来自场地设施的制约，这种制约将会造成供给过程服务的短缺。

其次，运营管理在俱乐部供给中扮演着非常重要的角色。运营管理是俱乐部供给的晴雨表，运营管理良，则供给充足；运营管理劣，则供给匮乏。运营管理包含俱乐部会员定价、活动经费路径、丰富的活动项目、保持收支平衡、筹集资金来源渠道多样。统计分析反映出筹集资金渠道多样化现状不理想，这对该因素的影响最大，也反映出目前俱乐部缺乏造血机制。从运营管理的总体现状来看，俱乐部供给服务肯定受到限制。

再次，俱乐部的职能管理因素对公共体育服务的供给具有间接的作用。职能管理包含俱乐部管理组织健全、俱乐部有明确的发展目标、俱乐部的体育健身活动组织得很合理、俱乐部的组织管理制度很完善、俱乐部拥有完善的管理团队、俱乐部体育指导员很专业、俱乐部有足够数量的体育指导员。从 SEM 的运行结果来看，俱乐部在职能管理方面做得还是非常不错的，对公共体育服务供给具有很大的促进作用。职能管理的完善并不能代表俱乐部在供给方面的完善，因为俱乐部职能管理在模型中只是一个中介变量，它对运营管理的影响受到政府管理的影响。

最后，政府管理因素对其他因素都有正向直接或者间接的作用。但是在政府管理因素的构成因子分析中发现，各个因子的情况非常不理想，尤其是

财政支持，俱乐部在国家支持的两年后财政支持取消，这对没有形成造血功能的俱乐部的供给影响非常大。此外，政策上的支持不利也凸显出俱乐部供给的窘境。从路径系数分析来看，俱乐部需要政府的稳定财政支持因子居于第一位，反映出供给问题是亟须解决的。政府的财政支持与政策指导等直接影响到俱乐部的公共体育服务供给。

上述从四个方面对造成俱乐部供给短缺的因素进行了分析，这四个因素当中，只有俱乐部的职能管理因素在现实中对供给发挥了较好的作用，其他三个因素均难以对供给起到正向的促进作用，那么俱乐部公共体育服务供给短缺问题的形成就在所难免。

第二章　我国城市社区与学校体育场地设施共享现状与影响因素研究

第一节　我国城市学校体育场地设施对社区共享的现状

一、资源共享及其相关概念界定

资源共享是指某一资源可以为不同的用户共同使用的服务方式。这种共享不是随意的，在资源的使用范围、权限等方面都会受到一定的约束。社区、学校体育场地设施共享就是在一定的区域内，教育部门、社区等政府部门对其应有的体育场地设施打破现有的界限，实行共同享用。这种共享不仅包括体育场地设施，还有与设施相关的服务管理系统，如主体、设施、平台、产品、信息、体制、机制、绩效评估、资金、人才、政策法规保障体系共享可以提高体育场地设施的使用效率，在不增加或少增加体育投入的前提下，最大限度地发挥现有各种体育场地设施的功效，推动学校、社区体育发展，促进社区公共体育服务体系建设。简言之，体育场地设施共享就是体育场地设施可以为不同的主体提供服务的方式，在一定的约束条件下，通过多种方式服务于不同的主体（学校和社区），最大限度地发挥体育场地设施功效以避免重复建设和浪费的过程。

本节以公共体育服务体系的构建作为起点，涉及的理论有制度理论、协同理论、产权理论、共享理论，制度、产权是协同、共享的基础，协同是共享的基础，共享是协同的体现，协同是协同治理的核心。

二、我国城市学校教学区与运动区分离的调查

教学区与运动区的分离对于城市社区公共体育服务体系构建有着重要的意义。在我国城市学校教学区与运动区分离（城市类型）的调查中，直辖市中运动区与教学区分离的占 19.2%，省会城市中占 13.2%，一般城市中占 22.8%；整体上教学区与运动区分离达到了 55.3%（表 2-1）。卡方检验表明，城市类型与学校的教学区和运动区分离有关联（Pearson Chi-Square=13.728，

Likelihood Ratio=13.82，df=2，p=0.001<0.05）。

表 2-1　我国城市学校教学区与运动区分离的调查（城市类型）

分离情况		直辖市	省会城市	一般城市	总计
分离	频数	227	156	269	652
	百分比	19.2%	13.2%	22.8%	55.3%
没有分离	频数	211	154	163	528
	百分比	17.9%	13.1%	13.8%	44.7%
总计	频数	438	310	432	1 180
	百分比	37.1%	26.3%	36.6%	100.0%

在学校类型中，小学的教学区与运动区分离是比较多的，有 191 所，分离率达到了 16.2%，这和我国义务制中小学在数量上居多有关。此外，高级中学的分离率也比较高，达到了 19.3%（表 2-2）。教学区和运动区分离是共享的一个前提条件，通过数据反映出今后共享的实施须在小学与高级中学这两处花大力气实现教学区与运动区分离。卡方检验表明，学校类型与学校的教学区和运动区分离有关联（Pearson Chi-Square=32.119，Likelihood Ratio=33.726，df=4，p=0.000<0.05）。

表 2-2　我国城市学校教学区与运动区分离的调查（学校类型）

分离情况		小学	初级中学	高级中学	完全中学	一贯制中学	总计
分离	频数	191	105	228	104	24	652
	百分比	16.2%	8.9%	19.3%	8.8%	2.0%	55.3%
没有分离	频数	203	103	126	92	4	528
	百分比	17.2%	8.7%	10.7%	7.8%	0.3%	44.7%
总计	频数	394	208	354	196	28	1 180
	百分比	33.4%	17.6%	30.0%	16.6%	2.4%	100.0%

三、我国城市学校室内、外体育场地设施调查及人均场地面积调查

在我国城市学校室外体育场地设施的调查中，目前我国城市学校最多的室外体育场地设施为篮球场，占 22.6%，有可能是由于篮球这项体育运动的广泛普及；其次为田径场、乒乓球场、排球场、足球场。网球场、游泳池为最少，分别占 5.2%、4.7%，由于网球场和游泳池两个场地设施建设较为昂贵，这两种设施建设会比较少（表 2-3）。

表 2-3 我国城市学校室外体育场地设施的调查

室外场馆	频数	百分比
田径场	1 016	21.9%
篮球场	1 052	22.6%
排球场	602	13.0%
羽毛球场	394	8.5%
网球场	242	5.2%
乒乓球场	604	13.0%
足球场	484	10.4%
游泳池	218	4.7%
其他	36	0.8%
总计	4 648	100.0%

目前学校拥有的室内体育场地设施中最多的为篮球馆，占到了 17.3%；室内的足球场地最少，只有 6.5%（表 2-4）。室外设施调查中田径场较多，而室内田径馆较少，因为田径馆一般来说造价较高，学校较少拥有。室内综合馆在拥有比例中占到了 11.9%，这类场馆用途较多，利用率高，今后这种体育馆应重点建设。

表 2-4 我国城市学校室内体育场地设施的调查

室内场馆	频数	百分比
田径馆	122	7.1%
篮球馆	296	17.3%
排球馆	190	11.1%
羽毛球馆	244	14.2%
网球馆	126	7.4%
乒乓球馆	248	14.5%
足球馆	112	6.5%
游泳池	126	7.4%
综合馆	204	11.9%
其他	46	2.7%
总计	1 714	100.0%

在抽样中对中小学的人数与人均体育场地面积做了调查，由于前期研究中学校人数与人均体育场地面积会成为学校使用社区体育场地设施的影响因素，因此需要对这两个因素进行调查。学生人均体育场地面积为 1 平方米以上的最多的是 1 001~2 000 人的学校，占到了 9.4%，最少的是 4 001~5 000 人的学校，只有 2.2%。目前 23.6%的学校人均体育场地面积在

0.5 平方米以下，其中 1 001~2 000 人的学校占比最大，为 8.0%（表 2-5）。卡方检验表明，学生数量不同会影响学校人均体育场馆面积（Pearson Chi-Square=78.806，Likelihood Ratio=83.583，df=12，p=0.000<0.05）。

表 2-5　我国城市学校人均体育场地面积与学校学生数量的调查

面积		500 人及以下	501~1 000 人	1 001~2 000 人	2 001~3 000 人	3 001~4 000 人	4 001~5 000 人	5 000 人以上	总计
0.5 平方米以下	频数	10	54	94	64	24	18	14	278
	百分比	0.8%	4.6%	8.0%	5.4%	2.0%	1.5%	1.2%	23.6%
0.5~1 平方米	频数	44	70	98	82	46	38	50	428
	百分比	3.7%	5.9%	8.3%	6.9%	3.9%	3.2%	4.2%	36.3%
1 平方米以上	频数	88	109	111	58	32	26	50	474
	百分比	7.5%	9.2%	9.4%	4.9%	2.7%	2.2%	4.2%	40.2%
总计	频数	142	233	303	204	102	82	114	1 180
	百分比	12.0%	19.7%	25.7%	17.3%	8.6%	6.9%	9.7%	100.0%

四、我国城市学校对外开放的意愿调查及影响因素调查

学校体育场馆设施开放意愿决定了共享能否实施。在我国城市学校体育场馆开放意愿调查中，有开放意愿的学校有 670 所，占总数的 56.8%，其中小学体育场地设施有开放意愿的占 20.2%，高级中学达到了 16.6%；小学和高级中学体育场馆开放意愿明显高于其他类型的城市学校；一贯制中学占比最低，为 1.7%（表 2-6）。卡方检验表明，学校类型与是否有意愿开放体育场馆存在关联（Pearson Chi-Square=32.316，Likelihood Ratio=32.378，df=4，p=0.000<0.05）。

表 2-6　我国城市学校类型与开放意愿的调查

开放意愿		小学	初级中学	高级中学	完全中学	一贯制中学	总计
有	频数	238	86	196	130	20	670
	百分比	20.2%	7.3%	16.6%	11.0%	1.7%	56.8%
没有	频数	156	122	158	66	8	510
	百分比	13.2%	10.3%	13.4%	5.6%	0.7%	43.2%
总计	频数	394	208	354	196	28	1 180
	百分比	33.4%	17.6%	30.0%	16.6%	2.4%	100.0%

学校具有对外开放意愿是促进学校与社区共享的一个重要基础。在直辖市中小学开放意愿达到了 52.4%，一贯制中学仅有 2.7%；在省会城市中高级中学开放意愿达到了 45.8%。在城市学校对外开放的调查中，从不对外开放的学校最多，达到了 54.2%；其次是目前正在开放的学校，达到了 29.4%；最少的为以前开放现在不开放的学校，为 16.4%（表 2-7）。一般城市和直辖市对外开放学校高于省会城市。卡方检验表明，城市类型与学校是否对外开放有关联（Pearson Chi-Square=21.640，Likelihood Ratio=21.574，df=4，p=0.000<0.05）。

表 2-7　我国城市学校对外开放的调查（以城市为例）

开放情况		直辖市	省会城市	一般城市	总计
以前开放现在不开放	频数	70	72	51	193
	百分比	5.9%	6.1%	4.3%	16.4%
从不对外开放	频数	230	168	242	640
	百分比	19.5%	14.2%	20.5%	54.2%
目前正在开放	频数	138	70	139	347
	百分比	11.7%	5.9%	11.8%	29.4%
总计	频数	438	310	432	1 180
	百分比	37.1%	26.3%	36.6%	100.0%

在影响学校对外开放的宏观因素调查中，安全因素、政府管理因素、学校管理因素、资源管理因素、政策法规因素、观念因素被认为是影响开放的六个主要因素。影响最大的是安全因素，达到了 33.0%；其次是资源因素，达到了 25.1%。在影响学校开放的客观因素调查中，上级部门没有开放任务、学校教学区与运动区无法分离、学校体育场地设施陈旧是三个最主要的因素。

五、我国城市学校执行有关开放体育场地设施政策法规的调查

在我国城市学校是否被要求执行有关开放体育场地设施政策法规的调查中，直辖市占 15.8%，一般城市占 8.0%；反观没有要求执行的学校达到了 69.8%（表 2-8），表明执行有关开放体育场地设施政策法规的力度不够。卡方检验表明，城市类型不同与其是否执行有关开放体育场地设施政策法规存在关联（Pearson Chi-Square=14.141，Likelihood Ratio=13.921，df=4，p=0.008<0.05）。

表 2-8　我国城市学校被要求执行有关开放体育场地设施政策法规的调查

要求情况		直辖市	省会城市	一般城市	总计
有要求	频数	186	76	94	356
	百分比	15.8%	6.4%	8.0%	30.2%
没要求	频数	252	234	338	824
	百分比	21.4%	19.8%	28.6%	69.8%
总计	频数	438	310	432	1 180
	百分比	37.1%	26.3%	36.6%	100.0%

在是否执行相关对外开放法规的调查中，执行相关法规的 230 个城市中，直辖市占 30.6%，省会城市占 11.2%，一般城市占 16.8%；执行相关对外开放法规城市占 58.7%，占总数的多数（表 2-9）。卡方检验说明城市类型与相关对外开放法规的执行存在关联（Pearson Chi-Square=19.886，Likelihood Ratio=20.107，df=2，p=0.000<0.05）。

表 2-9　我国城市学校执行相关对外开放法规的调查

执行情况		直辖市	省会城市	一般城市	总计
没有执行	频数	50	56	56	162
	百分比	12.8%	14.3%	14.3%	41.3%
执行	频数	120	44	66	230
	百分比	30.6%	11.2%	16.8%	58.7%
总计	频数	170	100	122	392
	百分比	43.4%	25.5%	31.1%	100.0%

注：此题为跳选题，故总样本量不一样

在我国城市学校有无专门体育规章制度的调查中，有专门体育规章制度的城市学校占比达到多数，为 71.7%；直辖市达到了 35.6%，一般城市达到了 23.3%，省会城市为 12.8%（表 2-10）；直辖市和一般城市大力实施专门体育规章制度。卡方检验表明，不同城市类型会影响专门体育规章制度的实施（Pearson Chi-Square=46.279，Likelihood Ratio=51.484，df=2，p=0.000<0.05）。

表 2-10　我国城市学校有无专门体育规章制度的调查

有无专门体育规章制度		直辖市	省会城市	一般城市	总计
有	频数	128	46	84	258
	百分比	35.6%	12.8%	23.3%	71.7%
没有	频数	12	24	66	102
	百分比	3.3%	6.7%	18.3%	28.3%
总计	频数	140	70	150	360
	百分比	38.9%	19.4%	41.7%	100.0%

注：此题为跳选题，故总样本量不一样

入校的证件化管理是保障学校有序、安全开放管理的重要基础。在我国城市学校有无出入证件入校锻炼的调查中，有出入证件才可入校锻炼的城市占 45.1%，其中直辖市达到了 21.7%，一般城市达到了 17.7%；不需要证件的达到了 54.9%，其中一般城市达到了 24.6%（表 2-11）；说明大多数城市学校不需要出入证件就可以入校锻炼。卡方检验表明，城市类型不同与学校有无出入证件入校锻炼有关联（Pearson Chi-Square=25.347，Likelihood Ratio=24.923，df=6，p=0.000<0.05）。

表 2-11　我国城市学校有无出入证件入校锻炼的调查

外来人有无出入证件		直辖市	省会城市	一般城市	总计
有	频数	76	20	62	158
	百分比	21.7%	5.7%	17.7%	45.1%
无	频数	58	48	86	192
	百分比	16.6%	13.7%	24.6%	54.9%
总计	频数	134	68	148	350
	百分比	38.3%	19.4%	42.3%	100.0%

注：此题为跳选题，故总样本量不一样

六、我国城市学校对外开放时间及开放模式的调查

在对外开放体育场地设施时间的调查中，在双休日对外开放的占比最大，达到了 62.9%，其次是周一至周五非教学时间，达到了 45.5%，全天候开放最低，为 16.8%（表 2-12）。直辖市学校最多选择开放时间为双休日，其次为寒暑假；一般城市学校最多选择双休日，其次为周一至周五非教学时间；总体来看，一般城市和直辖市明显高于省会城市。学校与社区共享体育场地设施要提高共享效果，必须在共享的时间上提出相应的解决方案，法定节假日比其他时间更能吸引社区居民入校健身，因此当前学校在法定节假日开放还有待提高。

表 2-12　我国城市学校对外开放体育场地设施时间的调查

时间		直辖市	省会城市	一般城市	总计
法定节假日	频数	60	24	56	140
	百分比	18.0%	7.2%	16.8%	41.9%
周一至周五非教学时间	频数	68	24	60	152
	百分比	20.4%	7.2%	18.0%	45.5%

续表

时间		直辖市	省会城市	一般城市	总计
寒暑假	频数	72	18	54	144
	百分比	21.6%	5.4%	16.2%	43.1%
全天候	频数	14	8	34	56
	百分比	4.2%	2.4%	10.2%	16.8%
双休日	频数	94	42	74	210
	百分比	28.1%	12.6%	22.2%	62.9%

注：此题为多选题，故总样本量不一样

学校对外开放管理模式调查中，无偿开放管理模式是大多数城市学校的第一选择，达到了55.0%，直辖市学校选择无偿开放管理模式的比例高于其他两种类型的城市，达到了21.8%；其次是有偿和无偿相结合的管理模式，达到了32.1%，一般城市选择有偿与无偿相结合的管理模式高于其他两类城市，达到了15.4%；市场化运作的管理模式是选择最少的。城市类型与学校对外开放管理模式无关联（Pearson Chi-Square=15.245，Likelihood Ratio=20.375，df=8，p=0.055>0.05）。

七、我国城市学校对外开放的安全调查

学校对外开放体育场地设施会存在许多安全隐患，意外伤害保险则为参加人员增加了一层保护伞。调查数据显示，只有19.4%的学校在开放中有保险，而80.6%的学校在开放中没有保险（表2-13）。没有购买保险的城市学校中一般城市最多，其次是直辖市和省会城市。经过卡方检验，城市类型与学校有无意外伤害保险没有关联（Pearson Chi-Square=3.760，Likelihood Ratio=3.750，df=2，p=0.153>0.05）。

表2-13　我国城市学校对外开放有无意外伤害保险的调查

有无意外伤害保险		直辖市	省会城市	一般城市	总计
有	频数	34	10	24	68
	百分比	9.7%	2.9%	6.9%	19.4%
没有	频数	106	60	116	282
	百分比	30.3%	17.1%	33.1%	80.6%
总计	频数	140	70	140	350
	百分比	40.0%	20.0%	40.0%	100.0%

注：此题为跳选题，故总样本量不一样

在投保方式选择上，教育部统一投保和锻炼者自己投保最多，达到了40%，社区街道投保方式最少，占 8%。投保方式并无明显的优劣之分，学校投保与社区街道统一投保明显更有利于今后学校与社区共享体育场地设施的推进，特别是社区街道统一投保这样的方式免去了学校投保繁杂的工作，从社区街道来说更能有针对性地管理入校锻炼的人群，屏蔽掉一些不符合要求的人入校锻炼。

八、社区对学校开放体育场地设施可行性调查

社区与学校进行双向开放是共享的重要基础，因此对学校有无使用过社区体育场地设施的情况做了调查，为今后学校使用社区体育场地设施的研究工作提供一些前瞻性的调查。在社区是否对学校进行体育场地设施开放的调查数据中，有 17.6%的学校使用过社区体育场地设施，82.4%的学校没有使用过社区体育场地设施（表 2-14）。经过卡方检验，城市类型会影响学校是否使用社区体育场地设施进行教学（Pearson Chi-Square=16.814，Likelihood Ratio= 15.944，df=2，p=0.000>0.05）。

表 2-14　我国城市学校有无使用过社区体育场地设施调查

设施使用情况		直辖市	省会城市	一般城市	总计
有	频数	62	78	68	208
	百分比	5.3%	6.6%	5.8%	17.6%
没有	频数	376	232	364	972
	百分比	31.9%	19.7%	30.8%	82.4%
总计	频数	438	310	432	1 180
	百分比	37.1%	26.3%	36.6%	100.0%

在缓解学校体育场地设施紧缺的问题上，目前仅有 19.7%的学校回答政府倡导使用社区体育场地设施，有 18.8%的学校回答政府倡导但是没有落实，61.6%的学校没有政府倡导。可见在今后共享工作中政府的大力宣传是必不可少的。在目前解决学校体育场地设施缺乏最好的措施调查中，政府加大投资加快学校体育场地设施建设的占到了 84.4%，而使用社区体育场地设施进行体育教学等相关活动的只有 15.6%。社区与学校共享是今后城市公共体育场地设施供给的主要发展方向，单方面学校与社区共享只会对社区体育有促进作用，而学校体育很难提高，所以提倡双向共享：学校对社区共享，社区也对学校共享。从目前的调查数据来看，学校使用社区体育场地设施从

事体育教学等相关活动还处于一个很低的发展阶段。学校体育场地设施紧缺依靠政府解决在短时间内不可行，而且会引起体育场地设施的重复建设。

通过图 2-1 可知，在第一象限内，政府支持措施非常多与学校体育场地以前开放呈较小锐角，说明政府支持措施非常多与学校体育场地以前开放具有相关性。在第二象限中，政府支持措施没有与从不对外开放呈较小的锐角，说明政府没有政策支持与学校体育场地从不开放有极大的相关性。在第四象限内，目前正在开放与一般呈较小锐角，说明政府支持措施一般与场馆正在开放具有较大相关性。图 2-1 从政府支持的角度探讨了场馆开放程度，说明政府支持程度不同，对场馆开放程度的影响也是不同的。政府没有政策支持学校场地对外开放，学校则从不对外开放场地，学校选择只对校内人员开放，这是其基本职能所在，这对场馆的维护和管理都会带来便利。

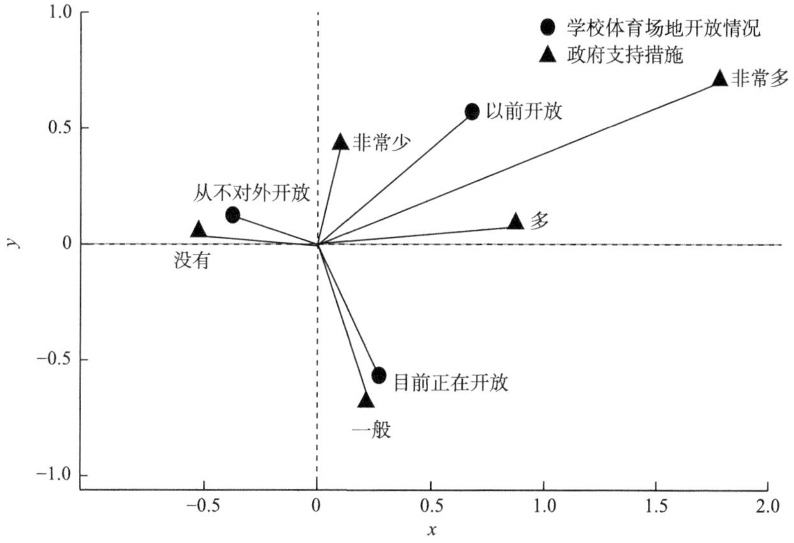

图 2-1　社区对学校开放体育场地设施可行性政策对应分析

政府的支持措施非常多使得学校相关管理部门不再重视，政策刚开始颁布时学校极力配合，但是随着政策越来越多，场地在开放时面临的问题会随之增加，从而对场馆的管理和维护带来困难，故此，政策非常多实际带来的效应并不是持续的场地开放，而是经过开放后发觉并不适合学校的管理和发展而不再开放。政府支持措施一般与场馆正在开放具有较大相关性表明，并没有场馆开放的热潮到来。综上所述，政府政策支持下的学校场馆会开放，但政策支持并非促进场地开放的决定性因素。

第二节 我国城市社区体育场地设施对学校共享的现状

社区体育场地设施对学校共享属于前沿性的探索研究，在选择调查对象上选择经济发达地区，在经济发达地区中考虑选择城市类型中经济发达的地方。研究这些地方的社区体育场地设施对学校开放的可行性及影响因素能为今后我国其他地方的社区与学校共享提供具有借鉴价值的建议。在城市类型的选择上考虑到在一般城市中目前新建社区还很不完善，此外即使有一批完善的社区，这些社区中的体育场地设施也还处于规划之中，因此对社区体育场地设施的研究着重于对直辖市及省会城市的研究，在考察社区体育场地设施的同时，分析这些社区体育场地设施对学校开放以用于体育教学等相关活动的可行性。

一、我国城市社区体育场地设施现状

城市社区体育场地设施调查中，省会城市的室外体育场地设施数量最多，达到了 54.3%，其次是直辖市，达到了 38.2%。直辖市室外体育场馆中足球场最多，省会城市最多的是排球场，一般城市最多的是乒乓球场（表 2-15）。

表 2-15 我国城市社区城市类型与体育场地设施类型的调查（室外）

室外体育场地设施		直辖市	省会城市	一般城市	总计
田径场	频数	32	48	8	88
	百分比	8.2%	12.2%	2.0%	22.4%
篮球场	频数	28	62	6	96
	百分比	7.1%	15.8%	1.5%	24.5%
排球场	频数	52	80	4	136
	百分比	13.3%	20.4%	1.0%	34.7%
羽毛球场	频数	42	46	8	96
	百分比	10.7%	11.7%	2.0%	24.5%
网球场	频数	32	46	6	84
	百分比	8.2%	11.7%	1.5%	21.4%
乒乓球场	频数	44	58	12	114
	百分比	11.2%	14.8%	3.1%	29.1%

续表

室外体育场地设施		直辖市	省会城市	一般城市	总计
足球场	频数	68	66	10	144
	百分比	17.3%	16.8%	2.6%	36.7%
游泳池	频数	10	32	6	48
	百分比	2.6%	8.2%	1.5%	12.2%

注：此题为多选题，故总样本量不一样

室内体育场地设施中省会城市占比最多，为 48.5%；其次为直辖市，为 45.4%；一般城市的室内体育场地设施最少，为 6.2%。这说明一般城市的室内体育场地设施与直辖市和省会城市具有一定的差距，社区数量的不同也可能导致体育场地设施数量的差异。在直辖市室内体育场馆的调查中，排前三位的是乒乓球馆、网球馆、羽毛球馆；省会城市中是乒乓球馆、羽毛球馆、室内综合馆；一般城市中是乒乓球馆、排球馆、室内综合馆。这说明不同类型城市的体育运动项目的普及程度不一。在我国城市社区体育场地设施投资调查中，无论是室内体育场地设施还是室外体育场地设施，70%以上都是小区业主投资修建，国家投资修建的不到 30%。在对我国城市社区室内外体育场地设施收费调查中，室内体育场地设施收费的占 38.1%，免费开放的占 61.9%。室外收费的占 41.8%，免费开放的占 58.2%。这说明社区体育场地设施主要是免费对外开放。

二、我国城市社区体育场地设施的使用现状

目前社区体育场地设施在使用人数限制上多为 51~100 人，总体来看，社区体育场地设施多为 200 人以下使用，直辖市的社区在 101~200 人使用的数量上要多于省会城市（表 2-16）。

表 2-16　我国城市社区体育场地设施使用人数调查

城市类型		50 人及以下	51~100 人	101~200 人	201~300 人	300 人以上	总计
直辖市	频数	60	62	46	0	32	200
	百分比	12.9%	13.3%	9.9%	0	6.9%	42.9%
省会城市	频数	60	80	44	4	42	230
	百分比	12.9%	17.2%	9.4%	0.9%	9.0%	49.4%
一般城市	频数	18	8	6	2	2	36
	百分比	3.9%	1.7%	1.3%	0.4%	0.4%	7.7%

续表

城市类型		50人及以下	51~100人	101~200人	201~300人	300人以上	总计
总计	频数	138	150	96	6	76	466
	百分比	29.6%	32.2%	20.6%	1.3%	16.3%	100.0%

从社区体育场地设施使用的低峰时间段来看，低峰时间段主要集中在早上8点以后与下午6点以前，这个时间段的累计比率占到了61.9%，而这个时间段是学校体育场地设施使用的高峰期，所以从时间上来看，社区对学校共享体育场地设施具有一定的可行性。从对社区体育场地设施管理人员的调查中发现，有42.1%的学校要求使用社区体育场地设施开展体育教学等相关活动，社区对学校共享体育场地设施是有一定需求的。

三、我国城市社区体育场地设施的收费现状

在使用社区体育场地设施上多为全部有偿使用模式，达到了48.1%；而部分有偿模式仅为14.2%（表2-17）。全部有偿模式不利于社区体育活动开展，会降低人们体育锻炼的积极性，会把相当一部分社区居民阻挡在体育场地设施之外。

表2-17　我国城市社区体育场地设施收费模式调查

收费模式		直辖市	省会城市	一般城市	总计
全部无偿模式	频数	68	82	16	166
	百分比	14.6%	17.6%	3.4%	35.6%
全部有偿模式	频数	94	116	14	224
	百分比	20.2%	24.9%	3.0%	48.1%
部分有偿模式	频数	32	28	6	66
	百分比	6.9%	6.0%	1.3%	14.2%
其他	频数	6	4	0	10
	百分比	1.3%	0.9%	0.0%	2.1%
总计	频数	200	230	36	466
	百分比	42.9%	49.4%	7.7%	100.0%

注：此题为跳选题，故总样本量不一样

在缴费方式上多采用按月收费与按次（项）收费这两种收费方式，共占到了96.1%，按次（项）收费在直辖市中使用较多，超过省会城市3.5个百

分点；按月收费在省会城市中使用较多。

四、我国城市社区体育场地设施对学校开放的现状

调查显示，有 11.2%的社区对学校开放体育场地设施，26.6%的社区曾经开放后又关闭了，有 62.2%的社区从不对学校开放体育场地设施。在影响社区对学校开放的因素上，安全因素占到了 31.6%，其次是资源因素，占到了 24.1%，第三位是社区管理因素，占到了 19.7%（表 2-18）。微观影响因素中排第一位是体育场地设施比较陈旧，占到了 61.7%，第二位是上级部门没有开放任务，占到了 60.8%，第三位是体育场地归属问题，占到了 47.6%。其中有 42.1%的学校要求使用社区体育场地设施。在对学校开放体育场地设施的社区的调查中发现，开放时间选择在双休日的占到了 23.9%，其次是寒暑假时间，占到了 22.6%。开放原因的调查中最主要的为学校要求，占到了 31.4%，相关政府部门要求占到了 28.5%，说明社区对学校开放多为组织之间的行为。26 个对学校开放体育场地设施的社区中有 68.2%的社区没有得到政府部门配合，仅有 31.8%的社区得到了政府部门配合。配合的部门多为教育部门与街道管理部门，配合的方式多采用资金支持，达到 37.4%。

表 2-18 影响社区对学校开放的宏观因素

宏观因素	频数	百分比
安全因素	234	31.6%
资源因素	178	24.1%
政策法规因素	45	6.1%
观念因素	46	6.2%
社区管理因素	146	19.7%
政府管理因素	27	3.6%
我国管理体制因素	24	3.2%
其他	40	5.4%
总计	740	100.0%

五、政府规章制度与共享时的不文明现象发生可能性的对应分析

如图 2-2 所示，在第一象限内，政府规章制度非常少与不文明现象非常多两条射线的夹角很小，说明政府规章制度非常少与不文明现象非常多之间存在极大的相关性。在第三、第四象限内政府规章制度一般与不文明现象比

较少呈较小的锐角，说明政府规章制度一般与不文明现象比较少之间存在较大的线性相关关系。图 2-2 讨论了政府规章制度多少与不文明现象发生可能性之间的关系，通过分析图可知：政府规章制度多少与不文明现象发生可能性之间存在相关性。当政府规章制度多时，大众在进行体育锻炼时会注重自己的言行，避免不文明现象的发生；当政府规章制度不足时，大众在使用体育场地设施时缺乏约束，会有不文明行为伴随锻炼与放松，如随地扔垃圾、随地吐痰等。因此，政府应加大针对不文明现象的规章制度的建立力度与宣传力度，力求让文明锻炼观念深入人心。

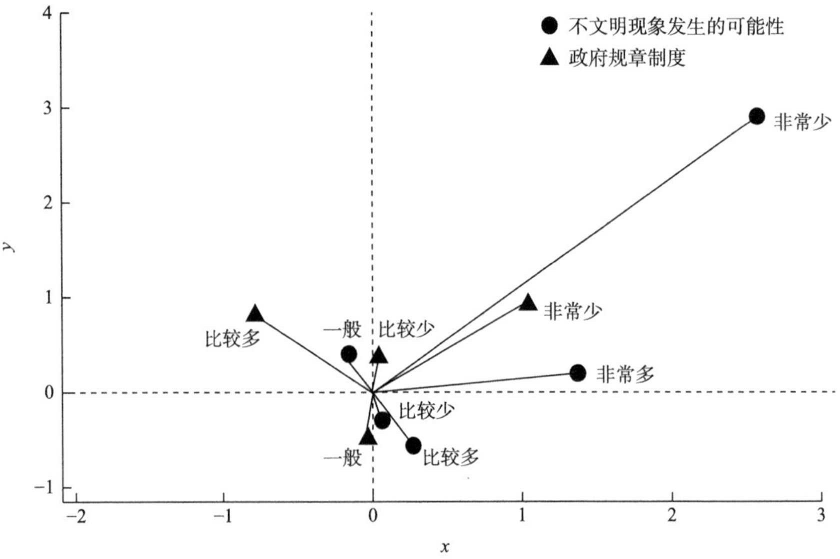

图 2-2　政府规章制度与不文明现象发生可能性的对应分析图

第三节　我国城市学校体育场地设施对社区共享影响因素的SEM研究

本节使用 SEM 分析学校与社区开放体育场地设施的影响因素，将观念因素、教学管理因素、安全因素、政府管理因素、政策法规因素及学校资源因素作为潜变量，对潜变量进行可操作化定义，将其分解为观测变量，分析潜变量在整个影响因素中的情况。

一、学校体育场地设施对社区共享影响因素结构效度分析

经过第一轮筛选后，将影响学校对社区共享的因素——观念因素、教学

管理因素、安全因素、政府管理因素、政策法规因素及学校资源因素 6 个因素共计 28 个条目 1 180 个样本的学校数据进行探索性因子分析。在进行因子分析之前，先进行 KMO 检验，得到 KMO=0.846（>0.5），表明极适合进行探索性因子分析。另外，Bartlett 球形检验的 χ^2=10 414.880，df=378，p<0.001。以上数据均表明母群体的相关矩阵间有共同因素存在。通过主成分分析法和正交旋转中的方差最大法，对影响因素的量表进行因素萃取，共获得了 6 个特根值大于 1 的共同因子，共解释总方差的 58.530%。

先前的问卷编制的理论设计通过探索性因子分析得到验证，数据符合理论设计。政府管理因素、政策法规因素、学校资源因素、教学管理因素的题项通过主成分分析聚合在一起了。从理论的角度可以删去因子载荷小于 0.5 的部分题项，除此之外，其他题项与因素均在要求之内，最终确定的影响因素的项目包含 26 个题项。

二、影响学校体育场地设施对社区共享因素的 SEM 初次检验

将经过项目分析和探索性因子分析所保留的 26 个测量条目共 6 个因素用于本次 SEM 分析，结果显示，所有路径系数均达到非常显著水平。结果显示，χ^2 的值达到了非常显著水平（p<0.01）。仅考察 χ^2 值是不够的，还应考察其他拟合优度指标。进一步的分析表明，χ^2/df 为 2.265，符合标准要求的 5 以内以及 2 或 3 的拟合优度标准。CFI、IFI、NFI、NNFI、GFI 五项指标均在 0.90 以上，超过易丹辉（2008）提出的 0.90 拟合优度较好的标准。

三、影响学校体育场地设施对社区共享因素的 SEM 重新检验

主要依据修正指数（MI）和临界比率（CR）的大小进行调整。按照模型的初次拟合指数与 MI、CR 提供的信息，MI 修订是朝着扩展模型修正，CR 指数修订是朝着简约模型修正。观念因素中 EI_1 与 EI_3 的 MI 较高，两题项从理论结构的角度来看具有一定的相关性，因此可以将这两个题项连线变为相关。依据 MI 可以将 ES_5 与 ES_6，EG_3 与 EG_2、EG_5，ES_1 与 ES_2 连线变为相关。修正后的输出最终结果见图 2-3。

将经过 MI 修正及初次 SEM 结构检验所保留的 26 个题项共 6 个因素用于本次 SEM 分析，样本量为 1 180 个，方法为最大似然法，重测模型的 χ^2/df、RMSEA、CFI、GFI、IFI、NFI、NNFI 均有改善（表 2-19）。

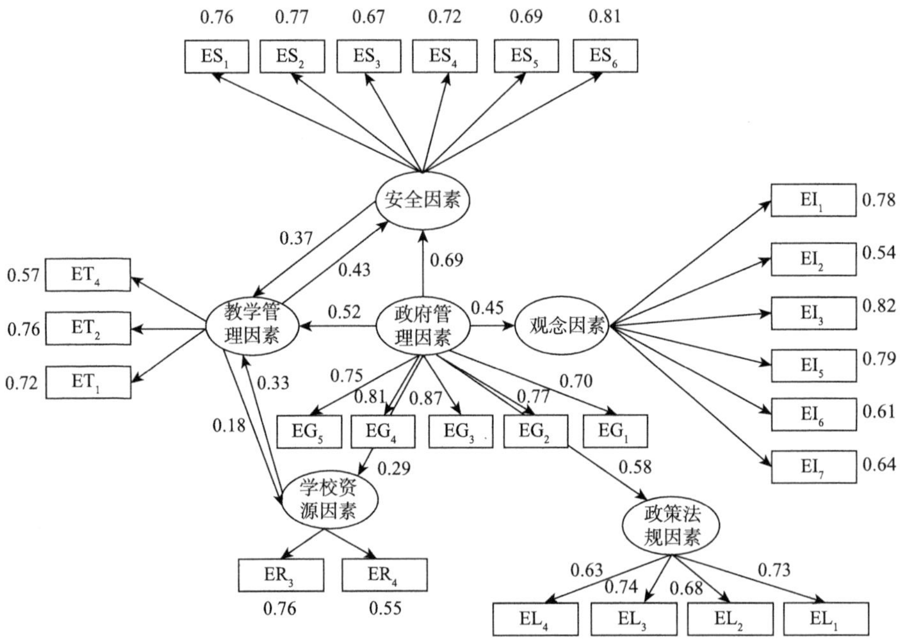

图 2-3　影响学校对社区共享的二阶六因素的验证模型

表 2-19　原始模型与修正模型的各项指数对比（一）

模型拟合	χ^2 /df	RMSEA	CFI	GFI	IFI	NFI	NNFI
SEM 初次	2.265	0.048	0.919	0.900	0.911	0.903	0.900
SEM 重测	1.221	0.021	0.980	0.990	0.991	0.984	0.967

四、影响学校体育场地设施对社区共享因素的 SEM 解释

SEM 分析的主要目的是探讨各潜变量之间的效应，为了便于观察各个潜变量对总的问题的影响效应，单独列出了 SEM 的直接效应、间接效应和总效应，间接效应由相应的路径系数相乘而得，总效应是直接效应与间接效应之和。在直接指向整体影响因素的路径中，有五条路径系数较大，依次是安全因素、政策法规因素、教学管理因素、观念因素、学校资源因素（图 2-3），说明政府管理因素对共享的影响最大，在构建社区公共体育服务体系时应重点考虑从政府层面实施服务体系的建构，以政府为主导解决共享中的安全、教学管理、资源消耗等因素的制约问题。

第四节　我国城市社区体育场地设施对学校共享影响因素的SEM研究

一、社区体育场地设施对学校共享问卷的第二轮筛选（结构效度）

经过第一轮筛选后，对影响社区对学校共享的因素理论构建的观念因素、社区环境因素、学校资源因素、政府管理因素、安全因素、政策法规因素进行再完善，6个因素共计21个条目，样本量为466个，进行探索性因子分析。进行KMO检验，得到KMO=0.823（>0.5），适合进行探索性因子分析。探索性因子分析的目的在于对前期的问卷中的题项所代表维度进行数据上的验证，以此来证明问卷中的题项理论设计结构是符合实际的。

二、影响社区体育场地设施对学校共享因素的SEM初次检验

采用的方法为最大似然法，输入数据类型为原始数据。模型结果显示，所有路径系数均达到显著性水平。模型显示，χ^2的值达到了显著水平（$p<0.01$），χ^2/df为2.342，符合标准5以内以及2或3的拟合优度标准（李立峰和王洪彪，2017），CFI=0.900，GFI=0.909>0.90。其余三项指标（IFI、NFI、NNFI）均在0.90以上，超过易丹辉（2008）提出的0.90拟合度理想，RMSEA指标为0.051，在0.05至0.08之间，认为是“不错的适配”的要求（吴宝升，2008；郁建兴和任泽涛，2012）。总体来说，模型拟合一般，需要对路径做出修改，调整GFI与CFI。

三、影响社区体育场地设施对学校共享因素的SEM重新检验

根据前文修订模型的理论要求及理论设计，需要删去上述小于0.5的题项，但是必须与理论设计相吻合。6个潜变量中21个观测变量的标准化负荷均较高，负荷值介于0.51至0.83之间，均超过了0.5，说明每个观测变量对相应潜变量的解释率较大。修正后的输出最终结果见图2-4。

将经过MI修正及初次SEM结构检验所保留的21个题项共6个因素用于本次SEM分析，样本量为466个，方法为最大似然法，重测模型的χ^2/df、RMSEA、CFI、GFI、IFI、NFI和NNFI均有改善（表2-20）。因此，依据理论设计与数据分析对模型的修正有助于数据对模型拟合度的提高。

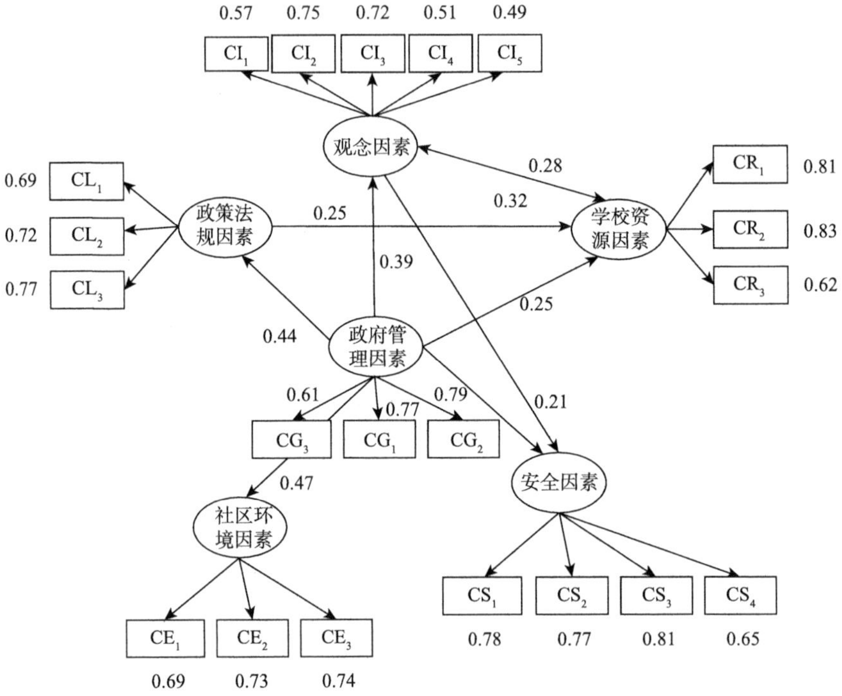

图 2-4　影响社区对学校共享的二阶六因素的验证模型

表 2-20　原始模型与修正模型的各项指数对比（二）

模型拟合	χ^2 /df	RMSEA	CFI	GFI	IFI	NFI	NNFI
SEM 初次	2.342	0.051	0.900	0.909	0.919	0.899	0.900
SEM 重测	1.094	0.019	0.990	0.984	0.999	0.991	0.941

四、影响社区体育场地设施对学校共享因素的 SEM 解释

对共享的影响由大到小为政府管理因素、社区环境因素、安全因素、政策法规因素、学校资源因素、观念因素，而观念因素影响非常小。社区对学校共享的影响因素中政府管理因素对共享的影响最大，在构建服务体系时应重点考虑从政府层面实施体系的建构，以政府为主导解决共享中的安全、观念、资源消耗等因素的制约问题。

第五节　影响我国城市社区与学校体育场地设施共享的因素分析

本节的因素分析是在上文定性分析的基础上，对影响城市社区与学校体育场地设施共享的因素进行全面的分析。分析不是学校对社区共享体育场地设施的单方面分析，而是从学校与社区的双向共享的视角来分析。本节目的在于将数据分析与定性研究综合起来，以弥补数据与定性研究中的缺陷。

一、影响我国城市社区与学校体育场地设施共享的政府管理因素

学校与社区共享中政府管理因素占到了 0.78 与 0.70，从学校数据分析的结果来看，政府管理因素主要集中在以下方面：共享工作中责任不够明确；缺乏对学校执行共享的考核；缺乏对学校共享的指导；缺乏明确的目标；相关政策支持太少。这些因素平均因子载荷值为 0.78，政府管理因素的因子平均载荷值大于其他因素中的因子载荷值，说明政府管理因素在目前共享工作中极其重要。从社区数据来看，政府缺乏对共享工作的配合、社区部门对共享的支持力度过小、政府相关部门对共享提出的工作要求较少，这三个方面的因子载荷值平均达到了 0.61 以上，说明社区对学校共享的政府管理工作需要改善。综上，我国城市社区与学校共享必须以政府为主导，若缺乏政府的主导作用，共享终将无果而终。

二、影响我国城市社区与学校体育场地设施共享的安全因素

仅有政府的主导作用还不够，还需要考虑共享实施中的其他因素。安全因素是政府管理因素之后最重要的因素之一。安全因素在学校与社区的定量研究中，路径系数分别达到了 0.69 与 0.79 之高，可见安全因素在共享中的重要性是非常明显的。学校安全因素主要集中在以下几个方面：体育场地设施安全问题；入校锻炼者的安全问题（锻炼不慎的安全问题；自身疾病的安全问题）；入校锻炼者会对在校师生的安全产生影响；学校的财产安全问题；共享中的校园安全问题。这五个方面的因子载荷平均值为 0.74。社区安全因素集中在对社区公共及私人财产的影响、对社区居民安全的影响、学生在使用社区设施中的安全问题等，这些方面因子载荷值平均值为 0.75。后文的案例分析中的定性研究中，北京市第十二中学（南站校区）由于入校锻炼者与在校学生在使用设施上出现安全事故而停止共享；东四奥林匹克社区体育文化中心的负责人认为对学校开放后，安全问题是最大的顾虑之一。综上，安全问题是阻碍共享的主要因素之一，如果安全问题不能得到解决，即使有政府主导作用的推动，也会因为出现的各种事故而阻碍共享的顺利推进。对于本书所提倡的学校与社区双向共享，安全因素也成为阻碍服务体系构建的问题。

三、影响我国城市社区与学校体育场地设施共享的政策法规因素

政府主导只是共享工作的原动力，而不是长久之力，更不是长效机制。

缺乏政府主导之后，共享工作就会陷入间断性的共享。政策法规是确保共享成为长效机制的有力保障。在政策法规因素影响学校对社区共享的验证中，路径系数为 0.58，因子平均载荷为 0.69。对政策法规因素的测量中发现，政府制定的相关共享法规太少，从实际中也说明了目前极为缺乏有法律效力的政策法规，绝大多数是以文件的形式下发的。另外，目前颁布的有利于学校对外共享的政策法规太少。从社区向学校共享的政策法规因素来看，政策法规路径系数为 0.44，因子平均载荷为 0.73，在全部影响因素中占第四位，数据结合实际情况来看，社区体育场地设施的开放性对使用者身份的限定性较低，多数设施是收费即可使用的，所以对社区设施对学校开放来说，政策法规因素的影响力稍小。从双向共享的角度来看，政策法规因素不容忽视，毕竟是确保形成、发展服务体系的长效机制。

四、影响我国城市社区与学校体育场地设施共享的教学管理因素

教学管理因素是双向影响因素，教学管理影响共享，共享也对教学管理产生影响。教学管理因素是从共享体育场地设施后学校教学发展的角度去讨论分析。不同于安全、政府管理等其他因素，这些因素很大一部分是学校内外的因素对共享的影响。教学管理因素是共享对学校造成的影响，是外部因素对学校内部管理环境造成的影响。外部因素包含很多方面，如教学区与运动区分离、对外共享是否会影响教学安排。因此，教学管理因素是一个非常复杂的因素，政府管理因素对教学管理因素的路径系数为 0.52。中小学教师认为共享会增加他们的工作负担，会影响学校的教学安排。

五、影响我国城市社区与学校体育场地设施共享的学校资源因素

学校资源因素有利于提升学校、社区共享的积极性。学校资源因素包含目前学校与社区中体育场地设施的数量、设施运营经费、学校体育教师工作量及共享后对设施的消耗。学校对社区共享中政府管理因素对学校资源因素的路径系数为 0.29，社区对学校共享中政府管理因素对学校资源因素的路径系数为 0.25，其中社区体育场地设施资源与设施运营经费两项因子载荷超过 0.5，说明社区中的设施资源与运营经费需要提高，以便于降低整个资源因素的载荷值。在下文的定性分析中，武汉四中也遇到了体育场地设施资源匮乏的问题；东四奥林匹克社区体育文化中心的负责人也谈到目前设施运营经费已经到了捉襟见肘的地步，对学校共享又将带来巨大的费用。可见共享中的资源问题是必须解决的问题。从长远来看，资源不影响共享实施，但是资源问题将制约共享的长久性与完备性。

六、影响我国城市社区与学校体育场地设施共享的观念因素与社区环境因素

观念因素主要是指人们对共享的一些看法，这些看法包括共享是否有利于和谐社区建设、共享是否有利于提高学校知名度、共享是否是公益事业等。总体来看，观念因素在影响因素中的因子载荷值不高，影响比较小，但是不能忽视这些影响因素对共享的制约。从学校对社区共享来看，共享是一项公益事业，达到了 0.79，共享会提高人们的锻炼时间，达到了 0.61，说明人们对共享存在一些积极的看法，这些积极看法没有导致该因素的载荷值上升，没有成为影响共享的重要因素。从社区对学校共享来看，政府管理因素对观念因素的路径系数为 0.39，呈现出和学校对社区共享一样的研究结果。此外，社区环境因素是社区对学校共享研究中比较特别的一个因素，社区环境因素是指对学校共享后对社区环境带来的影响，该题项由于在问题设计上存在一些问题，故整个 Cronbach's α 系数较低，没有选择探索性因子分析，故而 SEM 分析中缺少社区环境因素。但是并不表明这个因素不存在，在对长沙、西安等社区的调研中，社区体育场地设施的负责人在谈到对学校开放体育场地设施时普遍认为对社区的环境造成了很大的影响，更甚者会造成小区业主对与学校共享的不满。可见社区环境因素还是非常重要的，在后文服务体系的构建中，还会提到如何在共享中治理环境问题。

第三章　我国城市社区体育俱乐部与社区体育场地设施协同现状

第一节　城市社区体育俱乐部的场地设施类型及活动效果分析

一、社区体育俱乐部依托社区体育场地设施的单位类型分析

研究社区体育俱乐部与社区体育场地设施的协同，需要分析社区体育俱乐部依托社区体育场地设施的单位类型。调查发现，占总数 81.05%的社区体育俱乐部是依托街道/镇和社区/村建立的，其中街道/镇占到 46.32%，社区/村占到 34.74%。另外，依托企业和事业单位分别占到总数的 10.53%和 4.21%，依托学校的仅占到了 2.11%（表 3-1）。数据表明，一是社区体育俱乐部的建立更多依托街道/镇或社区/村来建立。访谈发现依托街道/镇的社区体育俱乐部由街道部门管理，而依托社区/村的社区体育俱乐部则由社区居（村）委会管理。二是社区体育俱乐部依托企业、事业单位以及学校还有待进一步发展壮大。

表 3-1　社区体育俱乐部依托社区体育场地设施的单位类型

依托单位类型	数量	有效百分比
街道/镇	132	46.32%
社区/村	99	34.74%
事业单位	12	4.21%
学校	6	2.11%
企业	30	10.53%
其他	6	2.11%
总计	285	100%

二、社区体育俱乐部利用社区体育场地设施开展活动效果分析

社区体育俱乐部是否有效利用社区体育场地设施开展活动，将会影响到社区体育场地设施的利用率和社区居民参与活动的效益。调查表明，在问及社区体育俱乐部是否有效利用社区体育场地设施开展活动时，有

90.53%的社区体育俱乐部认为有效利用，只有 9.47%认为没有有效利用（表 3-2）。在对社区体育俱乐部利用社区体育场地设施开展活动的效果评价中，60 个社区体育俱乐部认为比较有效，26 个社区体育俱乐部认为非常有效，分别占到总数的 63.16%和 27.37%。

表 3-2　社区体育俱乐部是否有效利用社区体育场地设施开展活动

是否有效	数量	有效百分比
否	27	9.47%
是	258	90.53%
总计	285	100%

社区体育俱乐部需要依托社区体育场地设施开展活动，社区体育场地设施是否充足直接影响到社区体育俱乐部开展活动。通过问卷调查发现，有 27.37%的社区体育俱乐部认为拥有社区体育场地设施不充足，认为比较不充足的社区体育俱乐部占到了 44.21%，这两项占到了总数的 71.58%，表明社区体育俱乐部存在体育场地设施不足问题。

第二节　城市社区、街道部门对社区体育俱乐部的作用分析

一、社区/街道管理部门与社区体育俱乐部之间协同合作分析

社区/街道管理部门在社区体育俱乐部发展的过程中扮演着重要的角色，因为大部分的社区体育俱乐部依托单位类型都是街道/镇或社区/村。经过实地调研考察发现，依托企业、事业单位等的社区体育俱乐部与街道管理部门也保持着合作关系。在街道管理部门与社区体育俱乐部之间需要协同合作程度的题项中，比较需要和非常需要一共占到了 82.11%，比较需要占 46.32%，非常需要占 35.79%（表 3-3）。

表 3-3　街道管理部门与社区体育俱乐部之间需要协同合作的程度

需要程度	频数	有效百分比
一般	51	17.89%
比较需要	132	46.32%
非常需要	102	35.79%
总计	285	100%

2003 年国家体育总局首次发布《社区体育健身俱乐部试点工作方案》，目的是创建社区体育俱乐部，为社区居民健身锻炼提供条件，从而促进社区居民的身体健康。《全民健身计划（2016—2020 年）》指出："推动公共体育设施建设，着力构建县（市、区）、乡镇（街道）、行政村（社区）三级群众身边的全民健身设施网络和城市社区 15 分钟健身圈，人均体育场地面积达到 1.8 平方米，改善各类公共体育设施的无障碍条件。"各地体育局为了贯彻落实相关文件，努力构建社区公共体育服务体系，提出要加强社区体育场地设施建设，推动社区体育活动的开展，满足社区居民多元化的健身需求。随着社区居民参与体育锻炼健身需求量的不断增加，人们选择到社区体育俱乐部参加体育锻炼。社区体育俱乐部的自身体育场地设施不足会影响社区居民参与体育锻炼的需求，阻碍社区体育俱乐部的发展，所以需要解决好社区体育俱乐部与社区体育场地设施的协同建设问题。

通过调查，有 55.79%的社区体育俱乐部认为社区体育俱乐部与社区体育场地设施协同建设比较必要，而认为非常必要的占到总数的 27.37%，两者百分比加起来共占到 83.16%（表 3-4）。

表 3-4 社区体育俱乐部与社区体育场地设施协同建设的必要性评价

必要程度	频数	有效百分比
一般	48	16.84%
比较必要	159	55.79%
非常必要	78	27.37%
总计	285	100%

二、社区体育俱乐部与社区体育场地设施之间的协同治理建设调查

社区体育俱乐部与社区体育场地设施之间的协同治理建设，不但有利于社区体育俱乐部的发展，也有利于社区体育场地设施的发展，更重要的是有利于推动社区全民健身活动的开展。调查发现，有 53.68%的社区体育俱乐部认为它们之间的协同比较重要，而认为非常重要则占到总数的 46.32%（表 3-5）。社区体育俱乐部与社区体育场地设施建设二者之间相互依存、协同发展。认为社区体育俱乐部发展对于社区体育场地设施建设比较重要和非常重要分别占到了 62.11%和 18.95%（表 3-6），认为社区体育场地设施建设对于社区俱乐部发展比较重要和非常重要分别占到 34.74%和 9.47%。在社区体育场地设施规划对于社区体育俱乐部发展的重要性这一项中，有 82.11%的社区体育俱乐部认为比较重要，9.47%的社区

体育俱乐部认为非常重要。

表 3-5　社区体育俱乐部与社区体育场地设施协同建设的重要性评价

重要程度	频数	有效百分比
比较重要	153	53.68%
非常重要	132	46.32%
总计	285	100%

表 3-6　社区体育俱乐部发展对于社区体育场地设施建设的重要性评价

重要程度	频数	有效百分比
一般	54	18.95%
比较重要	177	62.11%
非常重要	54	18.95%
总计	285	100%

第三节　制约城市社区体育俱乐部与社区体育场地设施协同的因素分析

一、社区体育俱乐部与社区体育场地设施协同现状分析

社区体育俱乐部与社区体育场地设施之间的协同受到很多因素的影响。调查发现，在制约社区体育俱乐部与社区体育场地设施协同的因素中，各方主体利益冲突占比最高，达到了 91.22%，其次是财政资金的扶持和区政府政策配套制定，分别占到 66.83%和 57.07%，政府层面缺乏制定协同目标和产、责、权问题也分别占到 51.22%和 40.49%，行政管理体制的分割占到了 50.24%，有 32.68%的社区体育俱乐部认为缺乏上级行政命令和要求是制约它们协同的因素（表 3-7）。

表 3-7　制约社区体育俱乐部与社区体育场地设施之间协同的因素

制约协同因素	频数	总数	有效百分比
区政府政策配套制定	117	205	57.07%
缺乏上级行政命令和要求	67	205	32.68%
各方主体利益冲突	187	205	91.22%
政府层面缺乏制定协同目标	105	205	51.22%
财政资金的扶持	137	205	66.83%
产、责、权问题	83	205	40.49%
行政管理体制的分割	103	205	50.24%

注：此题为多选题，故其总数有差异

二、制约社区体育俱乐部与社区体育场地设施协同的因素

本小节从条块分割的行政管理体制问题，体育场地设施的产、责、权问题，政府政策配套制定，协同系统中政府政策的协同目标缺失，协同系统中利益主体冲突问题对制约社区体育俱乐部与社区体育场地设施之间协同的因素进行分析，目的是理清制约社区体育俱乐部与社区体育场地设施协同的影响因素，为协同提供建议。

（一）条块分割的行政管理体制问题

条块分割的行政管理体制制约社区体育俱乐部与社区体育场地设施之间的协同。街道部门和区体育局的双重管理中的社区体育俱乐部，其筹建、资金的资助、场地设施的建设以及各种业务指导等方面都会受到影响。街道行政部门来管理场地设施使用，区体育管理部门负责对其的援助和建设。从这个方面体现了街道部门与区体育局协同合作对社区体育场地设施建设的重要性，也反映出我国行政管理体制条块分割的现象，过半的社区体育俱乐部认为行政管理体制的分割是制约社区体育俱乐部与社区体育场地设施协同的因素。我国行政管理体制形成的条块分割，使得原本不足的体育场地资源在使用上不能发挥其最大效用，造成部分体育资源的闲置和浪费。

学校体育场地设施资源在非教学时段和节假日出现闲置现象，造成体育场地资源闲置浪费、利用率不高。能否考虑依托学校体育场地设施创建社区体育俱乐部呢？但学校属于教育局系统管理，社区体育俱乐部的管理单位是街道办系统和体育局系统。社区体育俱乐部与学校体育场地设施的协同涉及街道部门系统和体育局系统的协同，还需要街道办系统、体育局系统与教育局系统的协同。因此，条块分割的行政管理体制是制约社区体育俱乐部与社区体育场地设施协同的因素。

（二）体育场地设施的产、责、权问题

首先，产权是指由物的存在及关系引起的人们之间相互认可的行为关系，是与某一物品或财产有关，是交易主体拥有的权力、责任和收益（朱沙和郭佩霞，2011）。从产权的角度来看，由街道部门管理的社区体育场地设施产权属于地方政府。社区体育俱乐部要依托社区体育场地设施建立和发展，如何处理好产权归属问题将影响社区体育俱乐部与社区体育场地设施之间的协同。其次，社区体育俱乐部利用社区体育场地设施过程中出现的损耗维护、安全、管理、资金等问题，都会涉及双方的责任问题。责任问题处理不好将影响社区体育俱乐部与社区体育场地设施的协同。社区体育场地设施

的产权属于政府部门，政府拥有社区体育场地设施的产权交易权力，社区体育俱乐部依托社区体育场地设施的建立和发展则需要解决好权力归属问题。因此，产、责、权问题也是制约社区体育俱乐部与社区体育场地设施协同的因素。

（三）政府政策配套制定

社区体育俱乐部是自上而下由政府主导的体育社会组织，它需要政府政策配套制定才能获得长足的发展。社区体育俱乐部是由各区体育局发起，在街道、乡镇党政的领导下依托社区体育场地设施而创建的。社区体育场地设施的产权归属分为两类，一类是体育部门，管理单位为街道社区；另一类是街道社区，管理单位也为街道社区。我国大部分社区体育场地设施的管理运营模式是政府和体育管理部门起主导作用，社区组织配合管理。由此可分析，社区体育场地设施的直接管理单位是由政府系统管理主导的，直接管理单位是街道社区，产权、运营及管理权都由政府系统主导，政府有权力决定社区体育场地设施提供给谁使用。政府政策配套的制定对于社区体育俱乐部与社区体育场地设施的协同具有很重要的作用。以协同治理理论来分析，政府系统下的街道子系统与区体育局子系统需要外部参量控制和引导，促成它们之间的沟通、交流和协同合作机制。因此，政府政策配套制定是制约社区体育俱乐部与社区体育场地设施协同的因素。

（四）协同系统中政府政策的协同目标缺失

用协同学理论的视角看，系统下的各子系统各自进行独立的运动，各子系统之间缺乏相互关联度、相互作用，系统会变成无序状态，难以形成协同效应。社区体育俱乐部与社区体育场地设施之间的协同，需要相应的区体育局系统与街道办系统的协同。我国条块分割的行政管理体制导致了它们权力分配和管理的权限存在差异，作为政府系统下的体育局子系统和街道子系统，如果各自进行独立活动，它们互相之间缺乏相互沟通、合作，政府系统会呈现无序的功能结构，难以形成整体合力促进协同效应的产生。作为政府系统下的两个子系统，街道部门和区体育局缺乏政府政策的协同目标去统筹社区体育俱乐部与社区体育场地设施之间的发展，去解决行政管理体制分割的问题。协同目标缺乏，自然很难形成沟通与合作的理念，共同的协同目标是引领政府系统下的各子系统之间合作的基础。协同理论的协同效应原理指出，对于一个开放系统来说，当外部环境（能量）对其刺激达到一定临界值时，会促进各子系统之间产生协同作用，协同作用破坏了系统的原稳定状态，使系统从无序到有序，从而达到一个新的更加稳定的状态。社区体育俱乐部与社区体育场地设施的协同需要政府政策的协同目标，政府政策的协同目标可以促进街道部门和区体育局之间的合作沟通，为社区体育俱乐部与社区体育场地设施之间的协同做顶层设计，这样社区体育俱乐部与社区体育场地设施能够协同起来去支撑对方的发展，促进协同效应产生。

（五）协同系统中利益主体冲突问题

以协同理论的视角分析，社区体育俱乐部与社区体育场地设施之间构成协同系统，社区体育俱乐部与社区体育场地设施都是协同系统下的利益主体。它们两者要协同，会涉及利益主体冲突问题。社区体育场地设施提供给社区体育俱乐部使用或者管理，在使用或管理过程中会涉及一系列问题，如过度使用场地设施的损耗、损耗后的维修以及安全事故的责任、资金压力等，这些问题都涉及各自利益的问题，这些利益冲突会直接影响到社区体育俱乐部与社区体育场地设施的协同与合作。因此，利益主体冲突问题是制约协同的主要因素。

三、制约社区体育俱乐部与社区体育场地设施之间协同治理的因素——定量分析

（一）社区体育俱乐部与社区体育场地设施的协同因子分析

社区体育俱乐部与社区体育场地设施协同题项共计五个维度，分别是协同制约、协同效果制约、组织功能因素、政府政策因素、街道/公共服务，五个维度共计 35 个题项。对问卷条目辨别力和区分度进行一次性筛选，题总相关与题他相关则进行三轮筛选。将分析结果标准差小于 1 的 4 个条目删除，保留 31 个条目。

（二）影响社区体育俱乐部与社区体育场地设施协同的探索性因子分析

对社区体育俱乐部与社区体育场地设施的协同影响因素的 KMO 和 Bartlett 进行检验，KMO 值为 0.878，Bartlett 检测的显著性为 0.000，说明样本适合做因子分析。可以提取出 5 个公因子，其特根值分别是 3.842、3.280、2.567、1.969、1.904，均大于 1，因子累计负荷总量为 48.84%，基本可以代表全部数据的信息。将因子分析中的因子旋转得到 24 个条目并进行归类（表 3-8）。

表 3-8　总方差说明表

条目	初始特根值		
	特根值	方差百分比	累计百分比
1	3.842	12.39%	12.39%
2	3.280	11.37%	23.76%
3	2.567	10.58%	34.34%
4	1.969	8.20%	42.54%
5	1.904	6.30%	48.84%

（三）影响社区与社区体育俱乐部体育场地设施协同的验证性因子分析

1. 社区体育俱乐部与社区体育场地设施协同的影响因素拟合

将经过项目分析和探索性因子分析所保留的 24 个测量条目共 5 个因素用于本次 SEM 分析。样本量为 466 个，方法为最大似然法，影响因素进行初次检验的分析结果见表 3-9。χ^2 的值达到了显著性水平（$p<0.01$）。χ^2/df 为 3.026，符合侯杰泰提出的 5 以内的拟合优度标准。CFI=0.913>0.9，GFI=0.824<0.9。其余三项指标（IFI、NFI、NNFI）均在 0.9 以上，超过 Stevens 提出的 0.9，拟合度理想。总体来说模型拟合一般，但需要对路径做出修改，调整 GFI 指数。各项指标均符合拟合标准。

表 3-9　原始模型与修正模型的各项指数对比

模型拟合	χ^2 /df	RMSEA	CFI	GFI	IFI	NFI	NNFI
SEM 初次	3.026	0.037	0.913	0.824	0.901	0.924	0.906
SEM 重测	1.331	0.042	0.947	0.979	0.947	0.961	0.917

2. 社区体育俱乐部与社区体育场地设施协同模型修正

观察 CR 值来说，一般要求在 1~2，如果有路径间 CR 值接近 0 的，可以将其关系系数调整为 0（吴宝升，2008；郁建兴和任泽涛，2012）。经过因子分析后，保留了 24 个测量条目。共 5 个因素用于 SEM 分析。使用 AMOS22.0 对影响因素进行检验（图 3-1），最大似然法估计结果显示，所有路径系数均达到显著性水平（$p<0.01$）。样本数据与模型拟合程度较好。简约拟合度指标：NNFI=0.906>0.90，GFI=0.979>0.90。增值拟合度 NFI=0.961，NNFI=0.917>0.90，CFI=0.947>0.90，RMSEA=0.042<0.05。从指标与标准情况来看，本模型拟合度良好。

A、*B*、*C*、*D*、*E* 这五个潜变量对应的一共 24 个负荷因子的标准化负荷均较高（负荷值均在 0.5~1），说明各观测变量对相应潜变量有较强的解释力度。从修订的拟合指数来看，模型修订提高了各项指数，χ^2/df 为 1.331，模型修订拟合的绝对拟合指标 RMSEA 值为 0.042<0.05，增值拟合度指标 NFI 为 0.961>0.90，NNFI 为 0.917>0.90，IFI 为 0.947>0.90，CFI

为 0.947>0.90，GFI 为 0.979>0.90，均达到拟合标准。修订符合理论，模型修订成功（表 3-9）。

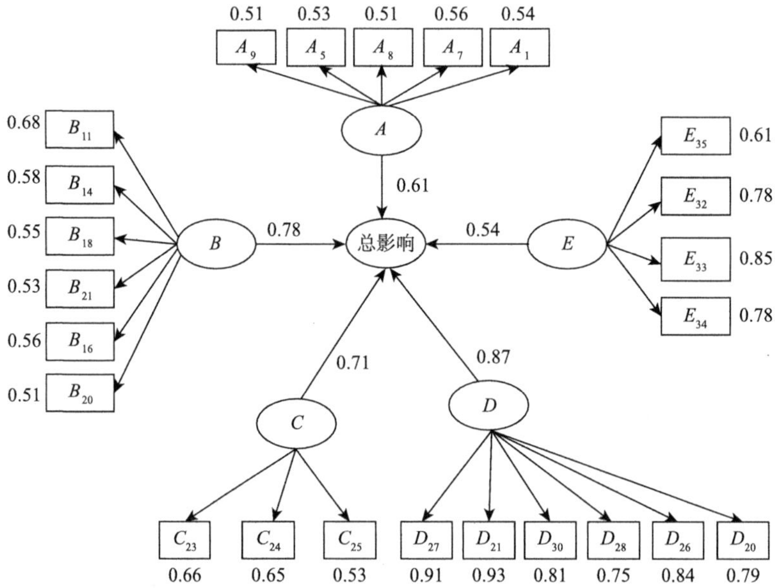

图 3-1　社区体育俱乐部与社区体育场地设施的协同影响因素拟合模型

社区体育俱乐部与社区体育场地设施协同指标中潜变量与观测变量之间关系的分析如表 3-10 所示，可以发现与潜变量关系重大的观测变量，还可进行各因子观测变量间的比较（吴宝升，2008）。第一，政府政策因素：在因子与观测变量之间的关系中，从因子载荷来看，产、责、权问题为 0.859，利益主体部门间的冲突为 0.760，资金问题为 0.832，政府配套政策为 0.815，条块分割的行政管理体制为 0.831，政府政策的目标为 0.824，说明产、权、责问题最能影响政府政策的制定与实施。第二，协同效果评价因素：在因子与观测变量之间的关系中，从因子载荷来看，俱乐部与体育场地设施协同目标评价为 0.857，俱乐部发展对于体育场地设施建设的重要性为 0.746，体育场地设施规划对于俱乐部建立的重要性为 0.798，社区居民体育锻炼参与度为 0.820，体育业务主管部门联合提供公共服务的重要性为 0.835，体育部门的业务指导对体育俱乐部的重要性为 0.814，说明俱乐部与体育场地设施协同目标评价的明确对于协同效果评价至关重要。第三，组织功能因素：在因子与观测变量之间的关系中，从因子载荷来看，社区体育俱乐部的组织功能作用为 0.862，社区体育俱乐部的组织功能的显著性为 0.811，体育俱乐部与街道整体功能为 0.836，可以看出社区体育俱乐部的组织功能作用是组织发挥其功能的重要影响因素。第四，协同制约因素：在因子与观测变量之间的关系中，从因子载荷来看，体育场地设施的单位类型为 0.851，社区体育俱乐部与街道协同合作程度因素为 0.872，体育场地设施数量为 0.681，街道对社区体育俱乐部指导的满意程度为 0.664，体育俱乐部与体育场地设施主管部门的协调度为 0.793，表明社区体育俱乐部与街道协同合作程度因素是制约协同的最主要因素。第五，街道/公共服务因素：在因子与观测变量之间的关系中，从因子载荷来看，协同目标规划的重要性为 0.643，制度创新规划的重要性为 0.792，财政资源对协同的重要性为 0.811，联合提供公共服务的程度为 0.871，说明联合提供公共服务的程度对街道/公共服务因素影响最大。

表 3-10 协同影响因子的各类值

因子（条目）	Cronbach's α 系数	因子载荷	标准误	t
政府政策因素潜变量	0.891			
D_{27} 产、责、权问题		0.859	0.031	22.08
D_{28} 利益主体部门间的冲突		0.760	0.022	21.71
D_{20} 资金问题		0.832	0.032	21.82
D_{21} 政府配套政策		0.815	0.016	21.79
D_{26} 条块分割的行政管理体制		0.831	0.025	21.80
D_{30} 政府政策的目标		0.824	0.018	
协同效果评价因素潜变量	0.883			
B_{11} 俱乐部与体育场地设施协同目标评价		0.857	0.046	22.16
B_{14} 俱乐部发展对于体育场地设施建设的重要性		0.746	0.041	19.57
B_{16} 体育场地设施规划对于俱乐部建立的重要性		0.798	0.038	19.62
B_{18} 社区居民体育锻炼参与度		0.820	0.034	20.53
B_{20} 体育业务主管部门联合提供公共服务的重要性		0.835	0.031	20.72
B_{21} 体育部门的业务指导对体育俱乐部的重要性		0.814	0.025	20.31
组织功能因素潜变量	0.764			
C_{23} 社区体育俱乐部的组织功能作用		0.862	0.027	21.73
C_{24} 社区体育俱乐部的组织功能的显著性		0.811	0.031	21.64
C_{25} 体育俱乐部与街道整体功能		0.836	0.036	22.31
协同制约因素潜变量	0.673			
A_1 体育场地设施的单位类型		0.851	0.021	20.62
A_5 社区体育俱乐部与街道协同合作程度因素		0.872	0.041	22.16
A_7 体育场地设施数量		0.681	0.037	19.15
A_8 街道对社区体育俱乐部指导的满意程度		0.664	0.030	17.62

续表

因子（条目）	Cronbach's α 系数	因子载荷	标准误	t
A_9 体育俱乐部与体育场地设施主管部门的协调度		0.793	0.026	17.89
街道/公共服务因素潜变量	0.671			
E_{32} 协同目标规划的重要性		0.643	0.035	17.73
E_{33} 制度创新规划的重要性		0.792	0.033	18.54
E_{34} 财政资源对协同的重要性		0.811	0.028	18.93
E_{35} 联合提供公共服务的程度		0.871	0.019	20.31

第四节　城市社区体育俱乐部与社区体育场地设施协同治理分析

一、街道与区体育局协同提供公共服务的重要性分析

社区体育俱乐部定性为公益性群众体育组织（彭圣堂，2006），为社区居民提供体育锻炼服务，它承担了生产公共体育服务职能，为社区居民提供服务越好，越能体现出政府提供公共体育服务的效益。街道部门和区体育局同属于政府系统下的子系统，两者之间联合提供公共体育服务非常有必要。在街道与区体育局之间联合协同提供公共体育服务的调查中发现，有72.63%的社区体育俱乐部认为街道与区体育局协同合作提供公共体育服务比较重要，觉得一般的占到27.37%（表3-11）。

表 3-11　街道与区体育局协同合作提供公共服务的重要性评价

重要性评价	频数	有效百分比
一般	78	27.37%
比较重要	207	72.63%
总计	285	100%

二、街道与区体育局协同合作制定协同目标的重要性分析

社区体育俱乐部依托社区体育场地设施从建立到发展的过程中，街道部门和区体育局都在其中发挥着重要的作用。街道部门和区体育局之间有必要合作去谋划社区体育俱乐部与社区体育场地设施之间的协同发展。从协同理论视角来看，虽然街道部门和区体育局之间的权力权限属于“块块”的关系，在一定程度上它们双方是冲突的，但是，它们是政府系统下的两个子系统，可以通过政府系统制定共同的协同目标去促进街道部门与区体育局的协同。

无论是理论研究还是实践经验，协同合作都是化解政府公共治理冲突的最优策略，是冲突双方共赢的最优策略，协同合作能够发挥“1+1>2”的协调作用。跨部门之间要协同合作，需要制定协同合作的协同目标，协同目标的制定能够促进跨部门之间的协同合作。问卷调查显示，47.37%的社区体育俱乐部认为街道与区体育局协同合作制定协同目标比较重要，35.79%的社区体育俱乐部认为非常重要，两者加起来的比率达到83.16%（表3-12），超过八成，说明街道与区体育局协同合作制定协同目标对于社区体育俱乐部与社区体育场地设施的协同很重要。

表3-12　街道与区体育局协同合作制定协同目标的重要性评价

重要程度	频数	有效百分比
一般	48	16.84%
比较重要	135	47.37%
非常重要	102	35.79%
总计	285	100%

三、街道与区体育局协同制定制度创新规划的重要性分析

社区体育俱乐部建立及建立以后的发展壮大，需要社区体育场地设施作为硬件条件，社区体育俱乐部的发展又能促进社区体育场地设施发展，两者是互为基础、互相促进的关系。社区体育俱乐部与社区体育场地设施都受到街道部门和区体育局的管理。社区体育俱乐部组建需要区体育局和街道部门共同完成，社区体育场地设施属于街道部门管辖范围。因此，社区体育俱乐部的建立和发展以及与社区体育场地设施的协同发展，都需要街道部门与区体育局之间协同合作进行制度创新去规划它们之间的协同发展。调查得知，81.05%的社区体育俱乐部认为街道与区体育局协同制定制度创新规划比较重要，认为非常重要占到9.47%（表3-13）。

表3-13　街道与区体育局协同制定制度创新规划的重要性评价

重要程度	频数	有效百分比
一般	27	9.47%
比较重要	231	81.05%
非常重要	27	9.47%
总计	285	100%

四、街道与区体育局协同提供财政资金支持的重要性分析

社区体育俱乐部依托社区体育场地设施发展，社区体育场地设施损耗维

护需要资金的支持，社区体育俱乐部开展活动项目和比赛需要人力、物力，故也需要资金的支持。依托企业类型的社区体育俱乐部属于自负盈亏的经营，但是它们对社区居民实行门票优惠开放或是定期向社区居民免费开放，体现出半经营性和半公益性的性质，它们是自负盈亏但能体现公益性质的社区体育俱乐部，从这个角度看也需要财政资金的相应支持发展。调查发现，55.79%和 17.89%的社区体育俱乐部认为街道与区体育局协同提供财政资金支持比较重要和非常重要，两者共计占到了总数的 73.68%，认为一般的占到 26.32%（表 3-14），说明社区体育俱乐部与社区体育场地设施之间的协同发展需要财政资金的支持。

表 3-14　街道与区体育局协同提供财政资金支持的重要性评价

重要程度	频数	有效百分比
一般	75	26.32%
比较重要	159	55.79%
非常重要	51	17.89%
总计	285	100%

第五节　城市社区体育俱乐部与社区体育场地设施协同的影响因素分析

一、社区体育俱乐部与社区体育场地设施协同的体育资源整合问题

社区体育俱乐部与社区体育场地设施都由政府系统管理，两者属于政府系统下的两个子系统，子系统之间缺乏相互关联、沟通、合作，各自独立运作，就无法达到临界值发生相变而产生协同效应。我国约 60%的社区体育俱乐部因体育场地设施的缺乏而出现“有组织无阵地”的窘境，而社区体育场地设施存在闲置而出现“有阵地无组织”的尴尬局面，造成资源的浪费。如果社区体育俱乐部与社区体育场地设施实现协同发展，两者取长补短，既可以解决社区体育俱乐部“有组织无阵地”问题，又可以解决社区体育场地设施“有阵地无组织”问题，使资源利用最优化。根据协同效应原理观点，对于任何一个复杂开放系统，只有当它的子系统之间相互关联、相互作用而达到某种临界值时才能产生协同效应，实现“1+1>2”的整体功能。子系统之间的相互协调、相互合作会影响系统的有序变化，系统的有序又会影响子系统的发展或子系统之间的协同作用。社区体育俱乐部与社区体育场地设施之间在政府主导下协同发展，既可以促进社区体育俱乐部进一步发展，同时也

能发挥社区体育场地设施的功能。体育资源的整合在社区体育俱乐部与社区体育场地设施的协同中发挥作用不够，处于碎片化状态，很难形成协同效应的合力作用，从而导致了社区体育俱乐部“有组织无阵地”、社区体育场地设施“有阵地无组织”的问题。因此，社区体育俱乐部与社区体育场地设施的协同需要重视解决体育资源整合问题。

二、社区体育俱乐部与社区体育场地设施协同的政策保障问题

协同理论的自组织原理指出，系统在没有外部指令的条件下，其内部子系统之间能够按照某种规则自动形成一定的有序结构和功能。社区体育俱乐部与社区体育场地设施的协同，在没有外部指令的条件下还很难按照某种规则自动形成一定的有序结构和功能。系统从有序状态转变为新的有序状态或者从无序状态转变为具有一定结构的有序状态，即形成自组织结构，首要的条件是从外部环境获得能量流和物质流。社区体育俱乐部与社区体育场地设施之间形成协同系统能发挥自组织的作用，但两者的协同涉及产、责、权问题，需要政策为它们的协同提供保障。社区体育俱乐部与社区体育场地设施之间形成协同系统的自组织有序结构，需要外部环境获得能量、物质的支持才能形成子系统之间的相互协同，因为两个子系统需要政府的支持才能更好地协同发展，需要政策保障获得能量、物质以促进两者之间协同系统自组织形成。政策在某种意义上就是能量流，因此，提供政策保障是解决好社区体育俱乐部与社区体育场地设施协同问题的重要组成部分，必须重视这个问题。

国家“十二五”规划纲要中明确提出大力发展公共体育事业，加强公共体育设施建设，广泛开展全民健身运动，继续实施农民体育健身工程。其明确了体育工作未来的努力方向。公共体育服务体系中，政府都是协调各方关系的主导力量。在社区体育俱乐部与社区体育场地设施协同过程中也不例外，政府依然扮演着重要角色（郁建兴和张利萍，2013）。社区体育俱乐部与社区体育场地设施协同中，政府政策因素的特根值达到了 3.842，在全部影响因素中居第一位。

当前的政策因素中产、责、权问题最为突出，因子载荷为 0.859，路径系数 0.91，居第二位，说明产、责、权问题对政府政策因子的影响最大，是影响政府协同成效的关键。产、责、权的划分问题是决定社区体育俱乐部与社区体育场地设施协同过程成功与否的重要问题，也是协同过程中要优先考虑的问题。综上，缺乏协同的政策保障，协同无从谈起，目前两类俱乐部发展不利，很重要的原因是缺乏有效的政策保障，政府、社区、街道部门、社

区体育俱乐部、青少年体育俱乐部等部门缺乏有效的对接与融合，导致协同的保障机制不足，这对于社区公共体育服务供给极为不利。同时，现有的一批政策无法与时俱进，弱化了对两类俱乐部的激励和鼓励作用，很难形成有效的激励机制，降低了公共体育服务供给的效率与效果。

三、社区体育俱乐部与社区体育场地设施协同的制度创新问题

社区体育俱乐部属于街道办系统管理，体育局对其有提供业务指导、设施器材及资金支持的责任。社区体育场地设施属于街道办系统管辖范围内，区体育局对社区体育场地设施也有建设、监管的责任。区体育局系统和街道办系统属于政府系统下的子系统，则社区体育俱乐部与社区体育场地设施属于政府系统下的次子系统，它们之间的协同合作需要序参量的支配。协同理论指出序参量是由于系统内各子系统（要素）之间的相互协同和相互关联而产生的，一旦序参量产生，就可以起到支配子系统（要素）之间相互协同的作用，起到支配（规范）子系统（要素）之间行为的作用，使系统或各子系统（要素）打破旧的（有序）状态，向新的（更加有序）状态转变。序参量主导着系统的整个演化过程。这里的序参量之一就是制度创新，它的目的在于推动社区体育俱乐部与社区体育场地设施形成协同发展，并维持协同发展。目前，难以形成协同发展的原因就是缺乏制度创新，也就不存在序参量，进而造成协同系统中没有推动力。

协同的制度创新需要政府层面的发动，主体应是政府部门，这样在政府强制力和高号召力的带动下更容易促进制度创新。解决了政府层面的问题，也就解决了协同的制度创新问题。政府的公共体育服务制度创新缺位是当前协同不顺畅的一个顽疾，政府内部没有协同设计制度，缺乏协同设计必然会引起制度创新的不完善，最终阻碍协同发展。此外，制度创新的问题在于初始权利配置失衡，学校/教育部门、政府部门、社区/街道部门、体育局在政治位势和资源禀赋方面差别过大，利益诉求各异，制度创新成本居高不下，潜在利润难以呈现，制度由非均衡通向均衡的道路蜿蜒曲折，新制度在协同发展的进程中迟迟无法有效供给。

一方面，从强制性制度变迁到诱致性制度变迁，再到两种方式的合作与冲突，核心在于诱致性制度变迁和强制性制度变迁两种创新方式如何发挥协同作用、哪种创新是主导性力量、哪种是先导性力量，这对于学校/教育部门、政府部门、社区/街道部门、体育局协同发展有着决定性的作用。另一方面，自上而下的强制性制度变迁较为普遍，自下而上的诱致性制度变迁较为缺失，一旦存在上述问题，上升到制度创新层次更是表现乏力，加上协同

执行中对于等级权威的依赖，协同发展就无从谈起。

最后，在政策与制度层面，协同要求二者的衔接性与配套性。在社区公共体育服务供给的各个具体领域，假如相关的政策、制度已经存在且完善，协同治理机制要求实现政策之间、制度之间的相互协调，尤其要保证新老制度的平稳衔接。

四、社区体育俱乐部与社区体育场地设施协同的目标问题

社区公共体育服务体系建设过程中普遍存在体育场地设施的不足问题，极大地影响了体育锻炼需求。社区体育俱乐部与社区体育场地设施都被区体育局和街道办双重管理，这两类都属于公共产品，但不属于同一个组织体系。社区体育俱乐部与社区体育场地设施的协同治理需要在区政府层面制定政策的协同目标，区体育局系统与街道办系统以协同目标为共同目标，加强跨部门合作，打破我国行政管理体制的条块分割。社区体育俱乐部本身承担着政府提供公共体育服务的职能，必须大力扶持其可持续发展，加快促进其与社区体育场地设施的协同发展。

此外，协同效果评价是对协同目标结果的评定，其特根值为 3.280，旋转后的平方载荷为 3.532。对社区体育俱乐部与社区体育场地设施协同的影响程度仅次于政府政策因素。社区体育俱乐部依托社区体育场地设施从建立到发展的过程中，街道部门和区体育局都在其中发挥着重要的作用。各因素中，俱乐部与体育场地设施协同目标评价的因子载荷为 0.857，路径系数为 0.68，均达到最高。体育局的目标是公共体育服务最优供给，街道管理目标则是公共体育服务供给效率的最优化，同时还要维护设施、指导活动。依靠政府推动公共体育服务供给的平等、高效。协同目标的问题在于街道部门不仅提供公共体育服务供给，还涉及了其他公共服务供给任务。因此，协同的目标问题就由政府协同转化到社会协同上，以及所带来的供给与服务单位的协同目标不统一上，政府/街道部门的目标是服务于社会公众的需求，社区体育俱乐部的目标则是向社区居民提供公共体育服务来获得生存。要解决上述问题，一方面应整合政府部门、街道、体育管理部门的利益，形成整体目标规划；另一方面应整合政府主体、社区体育俱乐部在协同发展中的利益。

五、社区体育俱乐部与社区体育场地设施协同的信息沟通问题

协同理论中一个系统内的两个子系统需要加强互相之间的沟通才能维持系统的有序稳定状态或更加有序稳定状态，如果缺乏沟通则可能导致系统瘫痪而出现混浊无序的情况。由此可见，子系统之间加强信息沟通对整

个系统的有序状态具有很大的重要性。社区体育俱乐部与社区体育场地设施同属于政府系统下的子系统，它们两个子系统之间所构成的协同系统，需要搭建协同信息的沟通平台，用于保持两者之间的相互沟通和协调，一旦协同系统出现问题，可以及时通过信息的沟通把问题反馈给双方，进而采取措施去解决存在的问题，从而协调两者的协同关系，及时维持协同系统的平衡有序状态。因此，社区体育俱乐部与社区体育场地设施的协同需要重视解决协同信息沟通平台问题。协同有赖于多元主体充分的沟通、高度的共识构建以及彼此业务的无缝对接，这都需要一个架构良好的信息协同机制。目前，上述主体彼此间各自行动，难以像原来政府一元化管理那样统一行动，而这极大地降低了社区公共体育服务体系供给的效率和效果；由于缺乏协同的信息的有效沟通，序参量难以发挥有效的作用，它的作用的发挥很大程度上取决于信息协同机制建立的好坏。目前我国社区公共体育服务体系缺乏多渠道汇集、反馈需求，导致需求信息在传递过程中耗损，阻碍了公共体育服务供给的发展。

目前还没有搭建协同的信息平台，各主体还不能够完全履行自身承担的信息公开责任，未能定期准确地在社区公共服务体系中公布公共体育服务、实施、运作的信息等。这种信息环境一方面无法对政府与社区体育俱乐部形成有力监督，会增加各主体在合作过程中暗箱操作的可能性，另一方面会增加各主体的沟通障碍。

六、社区体育俱乐部与社区体育场地设施协同的组织功能问题

社区体育俱乐部与社区体育场地设施协同中的组织功能因素包括社区体育俱乐部的组织功能、社区体育场地设施管理部门的作用以及社区体育俱乐部与社区体育场地设施管理部门协同后的功能作用。组织功能因素的特根值为 2.567，旋转后的平方载荷为 2.827。在影响社区体育俱乐部与社区体育场地设施协同的因素中排第三位。各级体育局系统与街道办系统为社区体育俱乐部与社区体育场地设施协同组织中的两个组织部分。区体育局系统与街道办系统实现了协同，才会有社区体育俱乐部与社区体育场地设施之间的协同。其中，社区体育俱乐部的组织功能作用的路径系数大于体育俱乐部与街道整体功能的路径系数，因子载荷为 0.862，路径系数为 0.66，均为最大值。这说明社区体育俱乐部应在协同中发挥重要的组织功能作用。组织功能的发挥应在政府协同下实施社区体育俱乐部与社区体育场地设施之间的协同，通过政府发挥社区体育俱乐部的主导作用，构建制度化的沟通渠道和参与平台，加强对社区体育俱乐部的支持培育。协同后发挥俱乐部组织在自主治理、

参与公共体育服务供给、协同管理等方面的作用，强调组织之间的合作和协调，还应有竞争，在组织引导下形成有序秩序。当前存在的协同的组织功能问题是社区体育俱乐部建立历史短、社区体育场地资源严重不足、制度环境不完善及多元力量整合困难。缺乏政府政策的协同目标，无法促进街道部门和区体育局之间的合作、协调，社区体育俱乐部与街道、社区部门难以协同起来去支撑对方的发展，促进协同效应产生。

七、社区体育俱乐部与社区体育场地设施协同的街道公共服务问题

街道/公共服务因素影响社区体育俱乐部与社区体育场地设施协同的检验中，影响特根值为1.904，旋转后的平方载荷为1.932，在影响因素中排第五位。社区体育俱乐部与社区体育场地设施协同中凸显的矛盾表现为条块分割现象，使得原本不足的体育场地资源在使用上不能发挥其最大效用，造成部分体育资源的闲置和浪费。因此，条块分割的行政管理体制是制约社区体育俱乐部与社区体育场地设施协同程度的重要影响因素，故需要区体育局与街道部门协同合作以促进两者之间的协同发展。社区体育俱乐部受到街道部门和区体育局的双重管理，如社区体育俱乐部筹建、资金的资助、场地设施的建设及各种业务指导等。社区街道/镇与体育业务主管部门需要联合提供公共服务的程度的因子载荷最大为0.871，路径系数中为最小，为0.61，说明社区街道/镇与体育业务主管部门联合提供公共服务对协同的影响程度较小。当前，政府、街道与社区部门、体育局主要是资金供应者、生产安排者与服务生产者的角色，存在供需结构失衡等弊病；社区、街道部门公共体育服务供给缺乏一致协同目标，各主体协同意愿不强，会引起各主体动力不足；社区体育俱乐部的供给形式并不是唯一的，当前全国还有很多城市社区并没有体育俱乐部，在这些地方更多是以街道/社区为单位进行公共体育服务供给，容易造成一家独大；街道、社区部门集多种公共服务供给于一体，容易造成供给效率低下、不重视基层的公共体育服务；街道、社区部门和体育局对基层公共体育服务需求理解有差异，容易导致信息不对称且易产生利益分歧，影响社区居民的公共体育需求。综上，这些问题直接影响了街道、社区层面的公共体育服务体系的构建和公共体育服务的供给。

第四章　我国城市社区公共体育服务体系案例分析

在城市社区体育俱乐部、青少年体育俱乐部提供城市公共体育服务部分选取四个个案研究，其中两所社区体育俱乐部、两所青少年体育俱乐部。

城市社区与学校体育场地设施共享部分的个案研究选取三个个案研究，包括两所学校和一个社区。学校案例研究选择武汉四中、北京市第十二中学（南站校区），社区选择北京市东城区东四奥林匹克社区体育文化中心调查研究，较详细地了解了学校与社区体育场地设施共享的状况。

在协同治理部分，选取了北京市的社区体育俱乐部和社区体育场地设施之间的协同作为个案研究，通过深入了解两者之间协同的发展情况，用协同治理理论分析两者之间的协同发展模式。

本章分为三个部分，第一部分从提供城市社区公共体育服务的角度分析社区体育俱乐部、青少年体育俱乐部提供城市社区公共体育服务的可行性，意在从现实的案例出发，找到问题所在，弥补定量研究的不足之处，为下文的社区公共体育服务体系研究提供支撑。第二部分探讨学校与城市社区共享体育场地设施的成功案例。该部分分为两个内容，一是学校对社区共享体育场地设施，二是社区对学校共享体育场地设施。分析案例的成功经验及不足，意在为构建以共享为核心的社区公共体育服务体系提供支撑。第三部分从协同治理理论的角度分析城市社区与社区体育俱乐部的体育场地设施现状与问题。

第一节　城市社区体育俱乐部与青少年体育俱乐部案例研究

一、我国城市社区体育俱乐部案例研究

（一）徐家汇社区体育健身俱乐部

1. 徐家汇社区概况

徐家汇社区位于上海市中心城区西南部，面积 4.04 平方千米，常住人

口近 10 万，辖 30 个居委会，是上海市著名的商业中心和重要的公共活动中心。作为展现上海市改革开放成果的标志性区域之一，徐家汇不仅商业圈繁荣发达，而且公共体育文化活动集中，区域内汇集了港汇广场、美罗大厦等众多大型企事业单位，更有八万人体育场、上海体育馆、上海游泳馆等公共体育活动场所。徐家汇正以其独特的城市公共空间、历史人文底蕴和体育服务功能，营造着五彩斑斓、富有层次的公共体育文化生活，街道先后被命名为全国精神文明建设先进单位、全国体育先进社区、全国社区服务示范街道、全国文化先进社区和全国社区教育示范街道等。

2. 徐家汇社区体育健身工作开展情况

1）徐家汇社区体育健身俱乐部基本情况

徐家汇社区是第一批全国城市体育先进社区，2006 年着手创建健身俱乐部，并于 2007 年 8 月正式挂牌成立，办公地点设立于徐家汇社区文化中心。2008 年该俱乐部通过了“国家级社区体育健身俱乐部”的验收。俱乐部经历了初创时期的组织建制、制度完善等各项工作探索，已逐步走出一条专家指导与群众参与相结合，活动建设与绩效评估相结合，不断满足不同年龄段、不同层次成员强身健体的需求的体育工作新路子。

徐家汇社区体育健身俱乐部设有理事会，其中理事长 1 名，副理事长 3 名，理事 13 名，主要负责俱乐部的日常工作；俱乐部还设立了监事会、管理办公室，并聘请了 9 名专家组成专家委员会，分别发挥监督、管理、协助的作用；俱乐部设置了独立的账册，对经费运行状况进行专门有效的监管，做到经费、措施、责任落实到位。同时，俱乐部设立了活动申报审批制度，由街道领导对活动进行论证与考察后确定划拨经费，并完善了活动项目的监督评价制度，从多角度确保经费运行的合理、高效。

2）徐家汇社区体育健身俱乐部机制建设

该俱乐部聘请资深教练、健身项目创编人和高等院校教授等 9 位专家，成立“徐家汇社区体育俱乐部体育专家指导团”，专家定期到社区指导，传授技能，带动了社区居民健身活动的蓬勃发展，对健身团队进行了有效的指导。俱乐部建立了体育指导站、健身气功站等，为调动社会体育指导员的积极性，组织、指导、管理好社区各块、点的健身团队活动，满足市民群众健身锻炼的需要提供了组织保障。

在徐家汇社区体育健身俱乐部创建过程中，阵地设施建设居于首要地位。俱乐部拥有自建乒乓房 1 个，同时努力共建上海八万人体育场、上海体育馆、上海游泳馆、徐家汇公园篮球场、番禺绿地等公共体育场馆，以市民体质监测站、社会体育指导员站为阵地，充分利用辖区内各种体育场馆，集体育培训、健身锻炼为一体，开展丰富多彩的群众体育活动，每年有近 20 万人次在此参加体育锻炼。

为满足群众日益增长的健身需求，有效解决中心城区场地缺乏的状况，徐家汇社区与辖区内 8 所中小学签订了区校共建资源共享协议，实现了辖区内学校体育场馆向社区居民开放。体育健身俱乐部成为开展市民健身日常服务的基本点，被推到了学校体育场地开放的主角位置，徐家汇社区尝试委托管理，每年投入经费 104 万元，由体育健身俱乐部负责学校场地开放工作，借用场地，负责指派社会体育指导员进入开放学校指导科学健身，管理健身团队。

为确保居民能有效安全地使用健身器材，2007 年，街道为 13 处健身苑点更新健身器材 80 件，共计 134 570 元，新建健身器材 11 件，共计 57 330 元，为辖区内健身器材投保 20 100 元；2008 年，街道为 10 处健身苑点更新健身器材 49 件，新建爱华居委健身点（7 件器材），共计 134 616 元；2009 年又为 9 个健身点的 36 件器材进行了更新，并且俱乐部聘请 2 名专职健身器材管理员每天对社区内健身设施进行巡视检查，排除安全隐患，切实做到防患于未然。徐家汇社区健身苑点的管理办法还得到了上级体育主管部门的表扬，在全区加以推广。经过街道各方的共同努力，截至 2010 年初，徐家汇社区共整合体育场馆达 186 处，总面积 142 718 平方米，人均体育场地面积达 1.5 平方米，健身苑点 73 处，健身器材 321 件，群众体育场地设施建设成效显著。徐家汇街道体育健身俱乐部本着“公益性、社会性、综合性、自治性”的发展目标，明确了俱乐部的组织框架、任务、活动方式等，制定了俱乐部章程、财务管理制度、公共运动场管理制度、团队管理办法等十多项规章制度，为俱乐部工作的开展提供了制度保障。

俱乐部实行会员制，由社区居民自愿申请加入，统一注册，规范管理，并从其中挑选有组织协调能力和团队奉献精神的会员，将其培养为健身骨干，定期组织他们参加培训，逐步提高健身骨干的总体素质，从而带动俱乐部健身团队能力的不断提高完善。同时，俱乐部建立了辖区内体育特长人才库，以点促面，推动居民健身水平的整体提高。截至 2012 年，拥有单位会员 50 名、健身团队 85 个、会员 1 877 名、社会体育指导员 212 名，其中国家级 2 名，一级 2 名，二级 35 名，三级 173 名，晨晚练体育活动点遍布各居委会，每年健身达 200 000 人次。

徐家汇社区体育健身俱乐部在发展过程中，开展各种体育活动，极大地丰富了社区居民的生活，调动了他们参与体育健身的积极性，从满足不同层次人群需要出发，关注社会各类群体，全面、公平、公正地推进社区体育事业，使社区居民的身体健康有了保证，大大提高了居民的身体素质，使得他们以更加饱满的热情投入社区建设中。经过调查发现，辖区居民的身体素质总体水平比以往有所提高，糖尿病、心脏病、肥胖病、“三高”等慢性疾病的发病率呈现降低趋势，其中部分居民的病情得到了改善。居民的幸福指数和对俱乐部开展情况的满意率也有所增长。社区体育健身俱乐部在努力提供优质服务中，逐步推动更多的社区居民从“单位人”到“社区人”，再到“有组织的人”转变。

3）以赛事带动建设，加强分类指导，形成多元化发展新局面

在打造白领体育品牌的同时，政府购买服务，以体育活动为纽带，在充分把握社区特点的基础上，针对中老年人、青少年、幼儿、残疾人等不同群体，采取灵活方式，分类指导，积极探讨构建全民健身活动体系，以活动带竞赛、以竞赛促建设，进一步完善体育健身俱乐部机制和功能，使徐家汇社区的全民健身工作形成多元化、多渠道繁荣发展的新局面。

俱乐部充分拓展“体育进社区”工作，进一步丰富徐家汇社区居民健身活动，全力唱响“全民健身与世博同行，与和谐社会同步”主旋律，精心设计了一系列活动，如“徐家汇杯迎新桥牌比赛”“社区居民迎新春乒乓交流联谊会”“喜迎妇女节健身运动会”“徐家汇杯门球邀请赛”“徐家汇社区科学健身巡回讲座”等活动，吸引了近千名社区居民的参与。此外，市民体质监测站认真把好居民体质监测关，每年为社区居民、公务员、学校学生、共建单位职工进行体质监测达3 000多人次，2006年市民体质监测站还荣获“上海市体质监测工作先进单位”称号。

社区是青少年生活的主要场所，健康的体育氛围对青少年的身心发展具有不可替代的重要作用。针对社区的青少年，社区体育健身俱乐部以增强学生体质为抓手，开展了以“全民健身——让生活充满着童年的乐趣”为主题、以三口之家为参赛对象的大型弄堂游戏活动，徐家汇社区青少年“人人运动学会游泳”活动，“快乐健身助成长，健康宝宝在行动——亲子运动会”等活动；并连续四年举办“徐家汇杯”少儿游泳比赛，组织参加了上海市青少年攀岩比赛和徐汇区青少年“三对三”篮球比赛等。此外，针对特困家庭，组织了社区青少年免费游泳培训班等活动。俱乐部组织的系列活动不但丰富了青少年的课余生活，也充分调动了他们参与体育锻炼的积极性，奠定了他们的终身体育基础，并且对素质教育的全面推进具有重要作用。

在市场经济背景下，群众体育的社会化发展，使“让更多人参与”的目标不断成为现实。社区体育康复健身活动开展系列化，增强全民体质，改善健康状况，帮助人们形成健康的生活方式，提高全民健康素质。

3. 徐家汇社区体育健身俱乐部现存的主要问题和发展设想

1）徐家汇社区体育健身俱乐部现存的主要问题

随着社会的不断进步和发展，社区群众对体育场地设施、资源的需求和可供使用的资源之间的矛盾日益突出。在优先开放社区内篮球、乒乓球、羽毛球、体质监测、学校资源等现有资源的基础上，主动出击、辐射周边，整合社会资源，但是俱乐部缺乏自身场地资源，不能最大限度满足居民的需求。

徐家汇社区体育健身俱乐部经过多年的努力，渐渐提高了居民自觉锻炼的意识，调动了各社区居民参加体育活动的积极性。由于徐家汇社区是一个繁荣的商业中心，各类企事业单位多、白领群体大，市民平日工作繁忙，所以市民参与体育健身的比率还有待进一步提高，尤其男性群体的参与率偏低，需通过宣传、引导加以提高。

2）徐家汇社区体育健身俱乐部发展设想

与周边单位建立合作关系共享体育场地设施。与社区/街道管理部门建立战略合作关系，以其为核心联系辖区内的单位，达成体育场地设施资源的共享，采取错峰使用，为其支付一定的使用费。辖区内单位在社区/街道管理部门的协调下，优先开放单位的篮球、乒乓球、羽毛球的室外体育场地设施。学校开放了部分时间段的体育场地设施资源供社区居民使用。

（二）昆明市盘龙区鼓楼街道桃源社区体育健身俱乐部

1. 社区概况

桃源社区成立于 2001 年 7 月，区域面积 0.23 平方千米，辖区有昆明海关、自来水集团公司、区体育馆、少年宫、老干局、文化局、图书馆等公共单位和居民区。截至 2012 年，有居民 3 406 户，9 059 人；文明家庭户 556 户，文明楼院 15 幢。自社区成立以来，在开展文明建设过程中，把各类创建活动作为服务居民、倡导文明、培育风气、凝聚合力的有效载体和提升社区文化品位的平台，精心组织，认真开展。在创建国家级社区体育健身俱乐部过程中，始终把增强居民身体素质、培育健康生活情趣作为创建目标，并以此促进社区精神文明、文化娱乐品位的提升。经过几年的努力，于 2003 年被云南省授予第一批特色体育先进社区，并先后荣获“全国文化先进社区”“全国万家读书活动先进社区”“全国巾帼文明健身队”“云南省民主法制社区”“云南省民族团结示范社区”“云南省文明社区”“云南省十佳社区”“云南省群众体育先进社区”“云南省党建示范社区”“云南省先进社区”等荣誉称号。

2. 社区体育健身俱乐部基本建设情况

（1）组织领导机构。加强组织领导，搭建工作平台，是做好一切工作的基础。为确保社区体育健身俱乐部各项工作顺利开展，社区充分调动各方面积极因素，着力抓好组织建设。成立了以社区支部书记、站长为组长，分管文体的工作人员为副组长，辖区单位负责人和各项体育活动负责人以及各居民小组组长为成员的组织管理机构，全面负责俱乐部的发展、建设与管理工作，做到全面工作有人管，日常工作有人办，具体工作有人抓。

（2）硬件设施建设。社区体育健身俱乐部设在盘龙区老干部活动中心，俱乐部内设有网球场、羽毛球场、气排球场、健身房、乒乓球室、阅览室、棋牌室、老年聊天吧、多功能厅等体育场地设施，并依托桃源广场、盘龙区体育馆等社区资源，充实完善了室外全民健身路径、篮球场、游泳池等体育健身设施。

（3）社区体育健身俱乐部自成立以来，针对各类人群的健身需求，开展形式多样的健身活动，如老年人健步走、气排球、太极拳；中青年人健身操、腰鼓、排舞、秧歌；青少年的趣味运动会等活动项目。俱乐部一直坚持每年举办体育健身项目的培训班，开展体育健身知识讲座，组织广大社区居民参加健身知识培训，树立科学健身意识，避免运动伤害。通过开展国民体质测试、普通人群体育锻炼测试，使社区居民综合体质不断提高。

3. 主要做法和经验

不断完善各项规章制度。在工作中，做到每年有部署，年初有计划，平时有活动，年终有总结，切实把做好社区的各项体育工作落到实处。俱乐部还专门成立了健身辅导站，配备了国家级社会体育指导员 1 名，二级社会体育指导员 5 名，社会体育指导员 16 名。制定了社区体育健身俱乐部章程、工作职责、管理制度、安全管理制度及各种体育场地管理制度等，逐步建立自我生存、自我发展、自我约束的管理机制，使社区体育健身俱乐部建设规范有序良性发展。

不断强化社区体育健身俱乐部的阵地和设施建设。开展群众体育工作，阵地是基础，队伍是活力。为此，社区体育健身俱乐部积极建设辖区体育阵地，多种渠道挖掘资金，用于体育健身俱乐部自身建设。截至 2009 年底，累计投资达 100 多万元，建成了近 2 万平方米的桃源广场、300 多平方米的多功能活动厅、200 平方米的网球场、800 平方米的羽毛球场、120 平方米的乒乓球室与气排球场、400 多平方米的健身房、300 平方米的台球室、100 平方米的棋牌室、1 800 平方米的游泳池及 100 平方米的少儿活动室等体育活动场所，并配备相应的体育场地设施。安装了 200 平方米健身路径一条，配备了 15 件全民体育健身器材；进一步完善了体育场地设施，为俱乐部成员提供了更加良好的健身娱乐场所，使社区居民的身体素质得到了较大的提高。正是这些室内外阵地的建立，吸引了社区内外居民加入全民健身的行列中，有效地弥补了社区健身资源的不足，形成了社会共建、共管机制，把全民健身的理念融于其中，有效地发挥了社区体育健身的辐射功能。

坚持广泛发动，发展壮大社区体育健身俱乐部队伍。为了有效组织居民参加体育活动，社区体育健身俱乐部充分运用宣传栏、黑板报、宣传窗、社区服务网络等载体，积极宣传全民健身运动，使社区体育健身俱乐部的队伍不断壮大，有效地激发了社区居民的参与积极性，先后组建了健身球队、健身操队、老年男子气排球队、太极拳队、太极剑队、乒乓球队、排舞等体育队伍，俱乐部从场地、教师等多方面给予支持，给这些活动团体提供更便利的条件。社区体育健身俱乐部积极倡导全民健身运动，文体阵地的建设为大力开展社区文体活动提供了良好的平台，有效促进了广场文体活动的蓬勃发展。现在每天早晨和傍晚经常性活跃在桃源广场和社区各个体育健身俱乐部健身点的居民在日益增加，桃源广场及辖区内设有晨晚练点 10 余处，参加活动人数达 400~600 人次/天，每周活动达 10 余次。他们自发地开展健走、慢跑、跳舞、打太极、木兰扇（拳、剑）等形式多样的健身运动，全民健身已经成为居民倡导健康生活的一种需要，一种自觉的行为。俱乐部采取发展和培训并举的方法，每年组织俱乐部中的体育骨干开展培训，积极组织他们参加市、区的培训活动，并将所学到的新知识在社区居民中进行广泛的传授，对丰富社区居民的体育活动项目起到了积极的推动作用。

创建活动载体，构筑健身平台。在社会转型期，大量的“单位人”转变为“社会人”，社区抓住创建国家级社区体育健身俱乐部有利契机，建纽带，抓重点，体育活动覆盖全年每月，社区积极创新载体，开展独具特色的体育文化活动吸引居民的参与，让居民走出小家，融入大家，共同建设美好家园。一是老少同乐，寓教于乐。由社区内的老年人担任游戏指导员，将他们童年时所做的一些游戏传授给社区小朋友，小朋友兴趣盎然，老人余兴未尽，这种老少同乐的方式，十分受青少年和老年朋友的欢迎。二是注重特色，内容丰富。社区积极开展多层次多样化的文体活动来满足居民群众的需要，凝聚人心。充分利用社区文体资源，拓宽活动领域，注重文体特色，组织开展了以节日文化、广场文化和民族文化为重点的大型文体活动，每年一次的泼水节活动成为社区独有的文娱活动项目。同时，社区各种健身场所每天向居民开放，做到管理有序，规范运作，并逐步形成了以体育健身俱乐部、晨晚练体育活动场地为辐射点的社区体育组织网络，形成自身的特色和优势，带动社区体育的全面发展。

不断强化社区体育健身俱乐部活动建设。体育活动是开展社区体育健身俱乐部工作的核心和重点。俱乐部经过认真调查、反复研究，从社区居民喜闻乐见、易于组织、效果明显、影响较大的一些传统体育项目入手，把社区居民的参与性和积极性调动起来，发动居民自觉地参加体育活动，达到全民健身的效果。

二、我国城市青少年体育俱乐部案例研究

（一）北京市顺义区田篮青少年体育俱乐部①

田篮青少年体育俱乐部自 2003 年创建以来，在确保北京市顺义区第一中学开展正常的教育教学活动的基础上，一直高起点致力于学校与社区体育项目的管理，体育活动的组织、策划，社会各阶层体育技术培训、竞技比赛等工作。学校体育工作与俱乐部管理工作发展得更加协调，俱乐部场馆资源与社区共享的需求结合得更加紧密，俱乐部走社会化的道路更加坚定。

1. 培育与发展市场，完善俱乐部运营机制

北京市顺义区田篮青少年体育俱乐部是顺义区首家推广羽毛球运动的专业体育俱乐部，俱乐部运营初期将体育生活化作为俱乐部培育市场的工作重点，将成人培训工作与乡镇、街道、社区、单位进行资源整合，为其培养体育骨干人才，制定适合个人健身的、科学的健身方法，提高群众健身的科学性，带动和提高乡镇、街道、社区、单位基层体育活动的进一步开展。

俱乐部秉承“一朝来打球，终生是朋友”的经营理念，在体育爱好者和会员管理上每年有创新。同时根据每个会员的需要和愿望，为会员提供个性化、人格化的服务来满足顾客的差别化需求。每年的 12 月 23 日至 27 日，举办迎“圣诞”“庆周年”庆典活动，体育馆全天免费对社会开放，同时还举办俱乐部会员羽毛球邀请赛。将每年的庆典活动办成会员和社区群众的体育盛会。

2. 将发现人才、培养运动习惯作为工作之重

田篮青少年体育俱乐部是青少年体育兴趣和体育人才的培训基地。“传播体育精神、培养运动习惯”是该俱乐部的重要工作内容。2003~2014 年该俱乐部的冬令营、夏令营培训班共开设了 480 个班次，开设内容从篮球、羽毛球、乒乓球、足球、田径拓展到民族舞蹈、拉丁舞、塑形减脂等多个培训

① 该俱乐部 2016 年已改建。

项目，培训对象也从以往的青少年发展到成年人和退休人员。12 年间共有 6 780 名青少年和 93 名成年学员参加训练，其中年龄最小的学员 7 岁，最大的学员 62 岁。

俱乐部在体育兴趣培训中，还与北京市体育科学研究所建立了长期业务关系，为突出的体育人才和要求测试骨龄的学员提供增值服务。俱乐部在体育项目培训中，已经发现多名具有潜力的篮球和田径人才。俱乐部将这些篮球人才推荐到区体校进行专项训练，将优秀的田径人才作为俱乐部竞训部储备，并分阶段集中训练。2003~2014 年该俱乐部为近千名青少年进行了身高预测。

3. 以公益性体育活动为载体，美誉度不断提升

在国务院提出新农村建设后，随着农村城市化进程的发展，群众的健身需求大大增加。田篮青少年体育俱乐部抓住机遇，大胆创新，借势而行。在俱乐部的经营管理上，以会员为主体，以活动为载体，每年“五一”劳动节期间都会举行“空港杯”羽毛球公开赛。

另外，该俱乐部在学校的大力支持下，突破了以往学校体育常规教育模式，更加突出体育俱乐部的社会性和公益性。

（二）锦江区国家级青少年体育俱乐部

锦江区国家级青少年体育俱乐部是在 2000 年依托锦江区业余体校，通过整合各方面资源优势创建的。自创建以来，在上级主管部门的指导下、各学校领导的关心和支持下，在与各相关部门的协调、统筹、规划、策划下，在贯彻落实科学发展观的基础上，走出了一条具有“锦江特色”的青少年体育俱乐部发展模式道路。

1. 锦江区国家级青少年体育俱乐部现状

锦江区国家级青少年体育俱乐部是四川省第二批国家级青少年体育俱乐部的创建单位，依托锦江区业余体校，在区辖区范围内 27 个小学建立俱乐部训练点，俱乐部训练点利用所挂靠学校的体育场地开展俱乐部运营活动。

2010 年底，锦江区在对俱乐部的政策宣传、组织动员、资金注入等方面逐步提升，取得了可喜的成绩。第一，在成都市青少年体育俱乐部评比中被评为优秀级青少年俱乐部；第二，在成都市青少年体育俱乐部联合会活动中共荣获二等奖一次、三等奖一次、优秀组织奖两次；第三，2008 年，以该俱乐部会员为主，组队代表锦江区参加成都市第十一届运动会，获得团体总分第二名；第四，为省、市优秀运动队输送了运动员 100 余名，每年组织青少年体育竞赛活动 90 余次，参加省市级竞赛活动 90 余次，几年来，参加活动人次达 50 万人次以上，基本形成了具有“锦江特色”的创办形式。

通过以上获奖和队员输送情况，我们认为其取得成功的经验是，健全机构、开拓进取、创新体制、走“体教结合”的路子，并强化与教育局的密切配合，立足学校，创特色、树品牌、出精品，使青少年体育俱乐部工作呈现出生机勃勃和良好发展的大好局面。

1）创新体制，走“体教结合”的发展路子

创建青少年体育俱乐部是结合社会经济发展和体育锻炼特点，进一步加强青少年体育工作，提高青少年身体素质，培养青少年掌握 1~2 门运动技能，让更多的青少年参加体育活动，为国家发现、培养体育后备人才，进一步推动体育事业向前发展的一项新举措。创建青少年体育俱乐部是一项新生事物，前无任何经验可以借鉴，其发展规律、工作内容，都有待于在创建过程中去探索、去实践。根据国家体育总局创办青少年俱乐部的文件精神，对新成立的俱乐部给予两年的运行扶持资金，两年以后自主发展。因此，如何根据市场机制，确保俱乐部两年后的持续发展，是讨论的一个中心问题，经过体教两家（体育局、教育局）深入学校调查研究和召开学校校长工作会后，决定根据多年以来“体教结合”办业余体校的经验，走“体教结合”的路，把青少年体育俱乐部这块牌子放到学校，依靠“业余体校分校”和“体育传统项目学校”，建立青少年体育俱乐部的学校训练网点，充分发挥学校的场地设施和人力资源作用，开展锦江区国家级青少年体育俱乐部工作。

2001 年，由学校申请，经体育局、教育局审核批准，先后授牌了 18 所学校为青少年体育俱乐部训练网点，开设了篮球、足球、田径、游泳、排球、射箭 6 个项目的训练。各俱乐部训练网点根据学校的体育传统和优势进行项目设置，18 个训练网点聘请了 40 名具有一定执教水平、工作责任心强的体育教师担任俱乐部训练网点的教练员。每个训练网点建立了相应的组织机构，要求学校配备一名副校级领导负责俱乐部训练网点的管理工作，并明确各训练点既有业余训练任务，又有指导学生参与体育锻炼的任务。在俱乐部的管理上，体教两家紧密协调配合，做到每年共同研究，联合签发青少年体育竞赛和开展各项活动的计划安排，其比赛活动全部由青少年体育俱乐部承办。俱乐部每年召开 2~3 次训练点负责人和训练教师会议，研究俱乐部的管理、制度建设和活动计划，做到了“以部养部”，基本打响了锦江区国家级青少年体育俱乐部这块牌子。

2）建立有效的管理机制，突出管理的职责和功能

（1）组织结构健全。

青少年体育俱乐部成立后组建了青少年体育俱乐部领导班子。设俱乐部主任1名，副主任4名，下设办公室、开发部、培训部、财务部四个职能部门。制定了《青少年体育俱乐部章程》《青少年体育俱乐部管理办法》《青少年体育俱乐部财务制度》《青少年体育俱乐部考核评比办法》和评估细则，并于2002年在区社团管理部门的支持下，率先完成了在民政局登记注册为“民办非企业”和税务部门登记注册的工作。确定了锦江区国家级青少年体育俱乐部的合法地位，拓宽了俱乐部生存和发展的渠道，在创办过程中提出了“边建立、边完善”的工作思路，摸索出俱乐部的组建框架、管理原则和运营模式等青少年体育俱乐部的内在规律，为俱乐部的完善和发展奠定了基础。

（2）狠抓俱乐部管理规章制度，强化管理质量。

自俱乐部创建以来，区政府十分重视管理工作，聘请了法律顾问，配备了具有执业资格的会计担任俱乐部会计，每年实行财务审计，俱乐部训练点各项培训活动收费均使用税务部门购买的统一票据。随着俱乐部的逐步发展，参加活动的会员逐年增长。2007年，各俱乐部训练网点开展活动和培训所融资金已达200多万元。为管理好俱乐部的各类资金，每年专门召开俱乐部各训练网点负责人和财务管理人员工作会，明确规定俱乐部训练点经费的使用范围，做到科学化、合理化使用。

对各俱乐部训练网点，每年都严格按照俱乐部管理规定实施、检查，根据各训练网点参加本区举办的各项活动以及参加全国、省、市级各项比赛的获奖情况和向省、市优秀运动队输送运动员的情况，以及学校体育场馆对外开放工作的情况，对训练网点进行检查评比，实行一级标准、分级奖励制度，由区体育局每年拿出相应经费，对评选出的成绩优异的青少年体育俱乐部训练网点和先进教练员进行表彰和奖励，鼓励、支持和促进青少年体育俱乐部各训练网点的发展，调动老师的积极性以确保青少年体育俱乐部的办学质量，使青少年体育俱乐部成为区青少年体育活动新的组织和新的阵地。

（3）逐步加大俱乐部融资投入力度。

对各训练网点学校组织专人，分组、分片地深入学校进行调研，了解学校在开展青少年体育俱乐部工作中存在的困难，从实际出发，解决学校提出的安全、场地和器材不足等问题。每年投入资金用于为各俱乐部训练网点购买安全人身伤害事故保险，改建场地、购置器材，完善训练基地配套设施，解决了开展俱乐部活动和训练的后顾之忧，为锦江区开展青少年业余训练和

青少年体育俱乐部活动搭建了一个良好的平台。

2. 锦江区国家级青少年体育俱乐部活动介绍

青少年体育俱乐部是实施全民健身计划的一项重要措施，旨在认真落实全民健身计划，培养青少年对体育的兴趣、爱好和终身体育锻炼的习惯，增强青少年体质，并向其传授体育运动技能，发现和培养人才。因此，俱乐部在自身的发展思路上不断开拓创新，结合开展学生每天一小时体育锻炼和学校传统优势项目，充分利用各训练网点学校的场馆设施和师资力量以及班主任的积极参与，采用项目兴趣小组、培训班、特色班等形式有针对性地开展青少年喜爱的俱乐部训练和活动，广泛地吸纳青少年学生自主选择参加体育锻炼项目。每年在体育局、教育局的指导下，积极开展丰富多彩、形式多样的青少年体育竞赛活动，每年组织各项竞赛活动 30 余次，参加全国、省、市等各种项目的比赛或活动 90 余次。同时，积极开展“青少年阳光体育运动”，组织学生参加具有成都市传统特色的“乒乓球活动月”“百日游活动”“排球活动月”“田径班级赛”等系列青少年喜爱的群众性体育活动，做到周周有比赛、月月有活动。2009 年，锦江区配合国家体育总局相关部门，开展了全国“阳光体育科学健身校园行——锦江区青少年体育活动展示”，率先在成都市拉开了“阳光体育与祖国同行”青少年体育系列活动的帷幕。这些比赛和活动的开展，提高了俱乐部的知名度，增强了青少年学生参加俱乐部活动的积极性；每年锦江区各学校训练网点参加各项活动和竞赛的会员达 2 万余人，充分展示和检验了各俱乐部训练网点开展训练和活动的情况，也达到了以活动促竞赛、以普及促提高，积极开展青少年俱乐部活动、青少年业余训练的目的。

3. 锦江区国家级青少年体育俱乐部活动开展

青少年体育俱乐部作为一项服务于广大青少年的社会公益性事业，需要得到社会各方面的支持，宣传是让社会了解俱乐部的最好途径，也是扩大俱乐部社会影响、提高社会声誉、吸收和招收会员的重要手段。建立以来，围绕如何创办好“体教结合”青少年体育俱乐部这个中心议题主要做了以下几方面的宣传。一是利用开展活动的机会邀请新闻媒体到现场进行新闻采访，向报纸杂志以及党委、政府提供信息稿件进行宣传。二是通过组织适合青少年运动特点和喜好的各种形式的俱乐部比赛和活动，吸引青少年加入俱乐部的队伍。三是各俱乐部训练网点通过开展培训活动将俱乐部简介、项目设置、教练员的基本情况及活动时间印成宣传品发给家长，让家长自主选择学生参训项目。四是制作宣传橱窗，把俱乐部开展活动、参加各种比赛和教练员的情况都展现在橱窗里面，向社会宣传，使社会、家长更多地了解俱乐部的情况。五是开展优秀学员的评比，各俱乐部训练网点在每学期结束时，按照参加活动人数情况及学生活动中的表现情况，评选出 1/3 的优秀学员，给予表彰和奖励，以提高学生参加训练和活动的积极性。六是学校体育场馆向社会开放有效地促进了青少年体育俱乐部活动的开展。锦江区是全国学校体育场馆向社会开放试点区，学校的体育场馆已形成了固定的向社会开放制度。2007 年、2008 年由政府投入 100 多万元经费用于学校体育场馆向社会开放工作，为学校购买人身安全伤害事故保险、资助场地设施建设和购置器材，解决了体育场馆向社会开放的后顾之忧。这给开展青少年体育俱乐部活动创造了有利条件，也是促进俱乐部发展的有利因素。通过宣传，不仅扩大了俱乐部的社会影响，提高了俱乐部的知名度，为开展俱乐部活动营造了浓郁的社会氛围，同时也激发了广大青少年的参与热情，壮大了青少年体育俱乐部的发展规模。

综上所述，俱乐部工作在省、市青少年体育俱乐部联合会的关心、指导下，立足学校、开拓创新、体教结合创特色。在积极探索青少年体育俱乐部发展路子的过程中，做到了“三个结合一强化”，即体教结合、俱乐部活动与学校开展“每天锻炼一小时”结合、开展俱乐部活动与学校体育场馆向社会开放结合；强化服务意识，抓规范运作，建章立制，基本走出了一条适合“锦江特色”发展的路子。在培养青少年的健身习惯、健身技能，提高地区运动技术水平等方面都取得了成效。

第二节　城市社区与学校体育场地设施资源共享案例分析

仅有数据分析的研究会产生统计谬误的风险，而仅有质化研究则会让人们以为这些研究是凭空臆想得出来的，因此在数据分析后，必须针对数据模型中不能进行统计分析的一些因素，使用案例这种质化研究的方式对其进行分析，以弥补数据分析的不足，从而能完善、丰满本书研究。本节选取三个案例来进行分析。第一个是武汉四中，从调研的结果来看，武汉市毫无疑问走在全国学校体育场地设施与社区共享的前列，分析武汉四中的成功之处有助于对比分析其他地方共享工作的不足之处，以便于提高共享的效率与效果；第二个是北京市东城区东四奥林匹克社区体育文化中心，该中心附近步行 10 分钟内的路程里共有 4 所中小学，它们存在着体育场地设施的集中与闲置的情况；第三个是北京市第十二中学（南站校区），这是一所修建在社区中的中学，完全具备与社区共享的条件，但是并没有共享。

一、湖北省武汉市武汉四中

（一）武汉四中体育场地设施对社区开放的背景及现状

武汉四中占地 180 亩[①]，分为运动区和教学区。运动区包括田径场和篮球场，以及现代化的体育馆和游泳馆；周边社区群众健身需求日益旺盛，而社会公共体育资源由于其有限性而难以给予充分满足。此外，由国家财政投入建设的学校体育场地设施尚未得到充分利用。学校体育场馆对社会开放，无论对于缓解社区群众体育健身需求日益增长与体育场馆数量有限的矛盾，还是对于学校体育场馆自身得到有效利用及进一步完善都大有益处。开放学校体育场馆已成为国内体育、教育界的共识。

为贯彻落实国务院《公共文化体育场地设施条例》和《全民健身计划纲要》，落实武汉市人民政府为市民办实事的举措，武汉四中在不影响教育教学和运动训练的情况下，其体育场馆自 2006 年 3 月起对辖区所属的 3 个社区的居民实行无偿开放。目前学校已接待居民十余万人次，与社区居委会共同承担了二十多次比赛活动，积极地推动了该地区体育事业的发展，满足了广大人民群众的需要，为该地区经济腾飞做出了贡献。

（二）武汉四中体育场馆对社区开放的探索与实践

1. 成立领导小组，制订详细的工作方案和安全预案

武汉四中体育场馆对社区开放的领导小组由校长、书记和后勤校长组成，校办、政教处、总务处和教导处等各部门中层干部担当直接责任人。为保障教育教学工作的正常运转，由校德育和教学校长牵头管理，通过印发、颁布《告家长书》《武汉四中体育场馆对社区开放公告》《武汉四中体育场馆对社区开放工作方案》等向社会公布学校场馆开放情况；行政值班人员劝阻闲杂人员进入教学区和办公区。办公室、总务处、政教处及领导小组还兼负安全保卫工作，按职责范围划分四个小组进行安全大检查，聘请辖区派出所的警官和社区居委会主任做指导，全体中层干部和特殊工种人员参加。安排专职人员加强双休日值班管理、校园巡逻以及防止意外伤害等。

2. 证件化管理，存档每位居民的详细信息

开放绝不是盲目开放，不能一蹴而就。学校多次与社区召开协调会，施行实名注册制，把好入场关。根据学校场地实际接纳程度确定进校园锻炼人数，分三批共发放 1 650 个出入证。其中古五社区 500 个，博学社区 500 个，

---

① 1 亩≈666.67 平方米。

简易社区 500 个，四中退休教师 150 个。

对进入学校锻炼的社区居民建立电子档案，社区与学校各备份一套，基本可以完成对社区经常参加锻炼人群的注册工作。凡是进场的锻炼者，只需凭学校制作的出入证，经验证后，就能进入学校的运动场地，进行体育健身活动。注册工作与场地开放同步进行，以满足临时健身人群的健身需求，也确保了进校锻炼人员的数量和质量，更确保了锻炼人群的安全与稳定。

3. 确定专职管理人员，增加部分协管人员，全方位负责场馆开放

校内教师和学生以及参加锻炼的社区居民的人身安全是最大的开放隐患。针对此为学校增加了相关工作人员，进行了一系列培训。体育场馆对社区开放以前，学校门卫 5 人，每天行政值班人员 4 人，场馆开放后，门卫增加了 2 人，值班人员增加了 2 人，节假日再增加 1 人，这样确保了场馆开放后的管理。与此同时，武汉四中也购买了部分校园责任险，当然主要针对在校的老师和学生，暂不保校外人员。自运转以来取得了良好的效果，证实该做法是行之有效的。

4. 组织社区群体活动与竞赛，构建社区与学校交流的平台

场馆对社区开放后武汉四中增加了社区活动和社区竞赛的次数，包括趣味运动会、彩扇队和锣鼓队的训练、健身操和太极剑表演，还主办了大量的体育项目培训，划定五个区域作为社区固定培训点，促进了学校与社区的交流，让更多的社区居民了解学校，深入学校建设与发展当中，进而更加关心学校、支持学校，学校的知名度也越来越大，近年来学校的招生工作都取得了长足的进步，形成了一种良性互动，这一点也充分说明实行共享、实现双赢。

5. 及时反馈，定期检查与小结，促进活动向纵深发展

武汉四中建立与社区月工作例会制、定期活动反馈制、居民意见征集制等制度，极大地调动了大家的积极性，让大家知晓、让大家参与、让大家奉献的做法使这一活动越办越好。同时利用武汉四中的网站来刊登社区居民锻炼或活动照片，借助办展板的形式大力宣传该校体育场馆对社区开放的资料。下一步还将尝试通过武汉四中国家级青少年俱乐部的主导作用，有目的、有计划地培训社区的小居民，即小学生和初中生，让孩子们告别网吧，脱离精神垃圾的腐蚀，开展他们喜闻乐见的足球、羽毛球、乒乓球及跆拳道项目，在普及与提高中走出一条适合学校对社区开放的可持续发展的新路。

（三）武汉四中体育场地设施对社区共享中遇到的问题

学校体育场馆向社会开放工作是一个系统工程，如何整合学校体育场馆资源，使其社会的利用价值达到最大是这项工程的重要问题。体育场馆设施作为社会体育资源，同时也是一种教育设施、教育资源，但在实际操作中，发现存在以下问题。

1. 社区居民素质参差不齐，有破坏校园设施的情况

参加锻炼的居民年龄层次、家庭教育等情况不一样，结果也会不一样。很多居民喜欢长时间停留在一个器械上，喜欢把小动物带进学校。有些居民锻炼后在学校停留的时间较长，主要是退休的老人和谈恋爱的青年朋友，不可避免地会误进教学区域并出现在学校师生的面前，无论是谈话的声音高低，还是行为是否符合校园规范，包括衣着打扮等，都对学校氛围及规章制度是一种挑战。居民之间因争抢场地等缘由发生的摩擦甚至殴斗等治安事件会影响教学安全；乱丢烟头、饮料漏撒对价格昂贵的塑胶跑道造成损害并带来安全隐患，学校将因这些破坏行为而承担损失。安全方面存在的顾虑会在很大程度上影响校园体育场馆的开放程度甚至开放态度。

2. 校内管理人员的素质还有待提高

体育场馆开放后必定会对校园教育教学环境产生影响，特别是在正常的教学期间开放，学校的安全及正常教学秩序可能会受到影响。为保障正常的教学秩序和教学环境，管理人员的素质一定要不断提高，可以通过上岗前培训、在岗培训和提高培训来做好这项工作。

3. 场馆开放的经费有一定的缺口，体育场地设施比较匮乏

场馆对社区开放时学校共投入资金 18 万余元，添置了大量的器材如健身器械、室外乒乓球台，新建了室外网球场、羽毛球场等，基本能够满足广大社区居民的锻炼需求，但各级政府 2009~2011 年共拨款 6 万余元用于场馆开放，这之间就存在一定的差额，给学校再建设带来一定的困难。这些困难体现在以下方面：对所在辖区中的三个社区发放了 1 650 个出入证，但还不能满足社区居民锻炼人群增长的需要，武汉四中正在尝试通过部分项目，如体育馆中的羽毛球、跆拳道等项目的有偿开放，在政策允许的范围内合理合法地收取一定的费用来弥补开放后经费的不足，更好地完成学校体育场馆的对社区开放工作。

（四）武汉四中体育场地设施对社区开放的成功之处

武汉四中的经验是当前我国城市社区与学校体育场地设施共享中的经典。总结其成功之处有以下几点：政府是共享的发起者，在政府主导下，各个部门充分配合，有各自的分工配合；加之有详细的政策法规保证共享可以落实，同时引入商业保险为学校免除安全问题上的责任；政府及时补充共享中的设施消耗，并向实施共享的学校投入多方经费，免除学校消耗资源的后顾之忧后，与社区共享就水到渠成了。

二、北京市东城区东四奥林匹克社区体育文化中心

（一）东四奥林匹克社区体育文化中心的现状

1. 东四奥林匹克社区体育文化中心的建设背景

东四奥林匹克社区是北京市东城区在探索以奥林匹克运动促进社会发展，将奥林匹克运动与社区建设相结合过程中所产生的一种城市社区建设的新模式。在东城区委、区政府的支持下，2002 年 9 月，东四街道以北京第二十九届奥林匹克运动会组委会入驻东四为契机，创造性地提出了建设东四奥林匹克社区的构想：以体育文化活动为渠道，吸引群众参与社区建设，将奥林匹克理念融入社区生活，以人为本，重在参与，倡导科学、文明、健康的生活方式，促进人与自然、人与人、人与社会协调发展，最终实现人的全面发展和社会的全面进步。

2. 东四奥林匹克社区覆盖范围

东四奥林匹克社区位于北京市东城区的中部，东起东二环路，西至东四北大街，北达平安大街，南到朝阳门内大街，总面积 1.53 平方千米，常住人口 48 000 人，其中少数民族人口占 10%左右，现有 10 个社区居委会。东四奥林匹克社区所处区域极具中国传统文化底蕴，西片的三条胡同至八条胡同已被北京市政府列为首批 25 片平房保护区之一，危改后的东部变成了优美的花园式住宅小区。在东城区委、区政府的支持下，社区建设了首个建筑面积近 4 800 平方米的东四奥林匹克社区体育文化中心和占地约 10 800 平方米的奥林匹克社区公园。

3. 东四奥林匹克社区体育文化中心设施现状

东四奥林匹克社区体育文化中心是东四社区居民体育文化活动的重要场所，也是奥林匹克社区的标志性建筑。该文体中心覆盖东四街道办事处中的 10 个小区，坐落在社区东南部，东城区朝阳区北小街 14 号，面积近 4 800 平方米。该中心内设有首都图书馆分馆和东城区图书馆分馆，以及电脑阅览室。图书馆面积 136.74 平方米，藏书 2 万余册，可办理全市借阅“一卡通”，电脑阅览室面积 46.72 平方米，设施先进。

该中心建有篮球馆、羽毛球馆、乒乓球馆、台球厅、健身房。篮球、羽毛球馆使用面积 613 平方米，可为篮球、羽毛球比赛提供标准场地；乒乓球馆使用面积 540 平方米，可容纳 40 人同时训练；2 间台球厅，每间设有台

球桌2台，内装有空调，铺有地毯，环境幽雅；健身房面积138平方米，器械齐全，设施完备。

该中心还有多功能厅、成人体质测试站、儿童启智培训中心、青少年活动室、团队活动室、奥林匹克社区展示厅等。其中多功能厅的面积155平方米，现代化的音响设备，可用于会议、讲座、演出。儿童启智培训中心设有电子、标本、丝网印刷、软陶等制作区，供学生使用。

（二）东四奥林匹克社区体育文化中心附近中小学情况

东四奥林匹克社区体育文化中心附近有一所中学、三所小学（北京市史家小学（史家胡同分校）、北京市东城区东四七条小学、北京市第一六六中学、北京市东城区育芳小学）。这四所学校加一个社区体育文化中心组成了理想中的社区、学校体育场地设施共享圈。对这个案例的分析基于这个共享圈的角度去对以下中小学进行分析。

1. 北京市东城区东四七条小学

北京市东城区东四七条小学建校至今已经60多年。截至2013年底，学校拥有近4 000平方米的教学楼一座和1 000平方米操场一个；学校设普通教室18个以及专用教室（自然、多媒体、图书馆各一个，计算机教室2个）；有13个教学班近400名在校学生。学校体育场地设施非常简陋，很难保证正常的体育教学需要，1 000平方米的操场实际上就是沥青铺成的露天操场，操场上体育场地设施基本没有，一旦遇到较差的天气，学校体育教学的开展会有一定的困难。虽然东城区教委也要求本辖区中小学对社区开放体育场地设施，但是北京市东城区东四七条小学从来没有执行过该决定。此外，这些学校在非教学时间全部关闭大门。

2. 北京市东城区育芳小学

北京市东城区育芳小学地处东城区东四片，占地3 000平方米，截至2012年底，有教学班13个、学生400多名。体育场地设施建设异常落后，不足400平方米的操场上，有一些简单的体育场地设施，如双杠、篮球架等，操场的地面状况非常不适合运动。在调研的过程中，该校体育教师对学校体育场地设施的问题反映比较强烈，说该校由于设施简陋很多体育课无法正常开展，特别希望能借较近的社区体育文化中心进行体育教学课，但是要落实这样的想法相当困难，尤其是在外上课中的安全问题令他们头疼。

3. 北京市第一六六中学

北京市第一六六中学是一所完全制中学，截至2013年底，有18个班，中学部共有1 800人。体育场地占地800多平方米，操场上有300米跑道田径场，其中含篮球场 3 个，除此之外，没有其他体育场地设施。该校属于篮球传统学校，有较好的篮球基础。但是该校也受到了设施资源的制约，目前学校在削减体育课时，这个现象尤其体现在高中部，而且初中部一部分体育课已经改到早上第一节课，因此该校存在体育场地设施不够用的情况。但是目前该校体育场地设施在非教学时间不对外开放。

4. 北京市史家小学（史家胡同分校）

北京市史家小学（史家胡同分校）始建于 1939 年，该校被附近居民称为“亚洲第一小学”，截至 2011 年底，占地面积 5 803 平方米，建筑面积 7 306 平方米。截至 2020 年，学校共有 84 个教学班、3 752 名学生。由于学校地面空间有限，学校设计了立体化体育场地的格局，在新建的综合楼楼顶建成楼顶塑胶操场，原地面操场建成塑胶运动场，操场底下又修建了 1 200 平方米的地下体育馆，地下体育馆内设台球厅、乒乓球厅、舞蹈厅、游泳池、健身房等。该校目前只对有组织的单位开放，如附近的外交部经常包场使用它的地下室内球场，不对社区居民开放，该校距东四奥林匹克社区体育文化中心步行仅 3 分钟路程。

综上，除史家小学外，上述这些体育文化中心附近的中小学都存在一定程度的设施紧缺的问题，尤其是在节假日，中小学生的体育活动基本由于场地不开放等原因而无法得到实现。但是从共享圈的体育场地设施存量情况可以看出，构筑共享可以解决各学校及体育文化中心设施在高峰时间段受限的问题。下面就阻碍共享的原因展开分析。

（三）影响东四奥林匹克社区体育文化中心与周边学校共享因素的分析

上面分析了东四奥林匹克社区体育文化中心与周边学校的体育场地设施情况，东四奥林匹克社区附近存在着体育场地设施重复建设的情况。但由于它们所属不同的部门，围墙外的人眼睁睁看着体育场地设施空无一人却不能使用。下面对这些设施不能共享的原因进行分析。

1. 缺乏有效的组织机构

虽然说东四社区街道办事处的管理范围很大，但是它不可能对辖区内的学校发号施令，因为学校属于东城区教育委员会管理，学校与社区共享必须依据东城区教育委员会的指示。此外，还需要学校根据各自的实际情况选择共享与否。因此办事处不能对学校发布共享的行政指令，但是办事处却比学校、教育部门更加了解社区体育场地设施的情况。例如，在非教学时间学校处于关闭状态时，相当大一部分居民选择社区体育文化中心作为锻炼地方，而这时却是社区体育文化中心锻炼的高峰时间段，需要开放其他体育场地设施来分流锻炼人群。因此需要构建有效组织机构，整合社区中的学校、社区体育场地设施资源，做到统一规划、合理利用体育场地设施资源。

2. 观念影响共享

在调研过程中，当涉及共享时，学校主管领导就会说：学校毕竟是一个教育机构，教育机构功能还是单一些比较好，言外之意就是不想对外共享。这些看法基本可以归结为观念比较落后、保守，担心共享会出现很多问题，还停留在部门要大而全的想法上，这一点在学校体现得比较明显。

3. 安全问题

安全问题无疑是社区、学校都会提出的一个问题。在对外共享以后，学校必然要考虑学生及外来锻炼者的安全问题，社区也表现出对这方面的顾虑。这也反映出北京市在制定学校对外开放规章制度时不够详细，安全问题成为一个政策法规中的疏漏。同时也反映出有关共享安全的保障机制还需要很长时间的建设来完善，以消除学校在由于共享而造成安全问题上的顾虑。

4. 资源问题

共享对学校资源的消耗也是影响共享顺利进行的问题之一。在北京市史家小学（史家胡同分校），这个拥有非常优良的体育场地设施的学校，当被问及为何不共享时，该校一位教师说：共享造成的设施消耗，得不到任何教育部门的补充，更不用说得到社区、街道部门的补充，所以不对外共享是很正确的选择。此外，社区体育文化中心的负责人也说目前虽然收费使用，但是收费只是象征性的收费，在很大程度上需要依靠体彩公益金及东城区政府的补助，要是对学校共享，那么谁来补偿设施的运营费用，这个问题必须由相关政府部门解决。

综上，共享是解决目前社区范围内中小学体育场地设施紧缺的有效途径，同时也能解决社区居民健身设施不足的问题，虽然说目前奥林匹克社区体育文化中心有体育场地设施，但是对辖区4万多名社区居民来说，近4 800平方米的体育场地还是不够的，因此通过设置共享，社区居民可以使用周边4所中小学的体育场地设施进行锻炼，缓解社区体育文化中心体育场地设施不足的情况。此外，非教学时间学校处于关闭状态，学生只能去社区体育文化中心进行锻炼，周末锻炼属于高峰期，场地特别紧张，而学校体育场地设施却关闭。因此，构建以社区体育场地设施共享为核心的社区公共服务体系有利于推动学校体育更好地发展。

三、北京市第十二中学（南站校区）

（一）第十二中学（南站校区）对外开放的背景及现状

第十二中学（南站校区）位于北京市丰台区洋桥北里社区内，是一所典型的建在社区中的学校，截至 2014 年底，占地 20 余亩，校内分小学部、初中部，共有学生 1 000 多人。学校有一个 200 米塑胶跑道的室外田径场，田径场可以作为足球场、篮球场、羽毛球场使用。有乒乓球台 6 个以及室内多功能厅两个。为贯彻实施国务院颁布的《公共文化体育设施条例》和《全民健身计划纲要》，该校从 2007 年初严格执行丰台区教育委员会有关开放体育场地设施的规定，在非教学时间实行体育场地设施对外开放，开放时间为周一到周五的下午 5 点以后及周末，开放对象为洋桥社区的居民。

（二）第十二中学（南站校区）体育场地设施对社区共享中遇到的问题

开放初期得到洋桥社区居民的普遍好评，但在后来的开放中暴露出一些问题。例如，学校没有对进校锻炼的人进行证件化管理，锻炼者在进入学校后，学校又未能有效对其进行管理。这些管理中的隐患逐渐积累，最后暴露出来。后经丰台区教育委员会研究决定，第十二中学（南站校区）停止对外开放。后来学校的开放管理逐渐松绑，学校只对附近有些单位开放（如共建单位），但前提是有组织，单个人不开放。丰台区教育委员会为严防此类干扰教学的事情发生，为学校请来专门的保安以加强学校安全。

第三节　城市社区体育场地设施协同治理案例分析

顺义区门球社区体育俱乐部发展的主要启示如下。

一、从协同治理视角分析

社区体育俱乐部需要依托社区体育场地设施才能建立、发展，故解决体育场地设施问题是帮助社区体育俱乐部发展的前提。两者之间该建立什么样的关系更有利于它们的发展呢？顺义区门球社区体育俱乐部与社区公园体育场地设施之间的协同发展是一个典型的案例，它揭示了协同理论的规律，为社区体育俱乐部与社区体育场地设施之间的协同发展提供了借鉴。

二、从伺服原理视角分析

伺服原理指出，序参量基于系统下的各子系统（要素）之间的协同而产生，一旦产生，它会支配着系统各子系统（要素）之间的协同合作（曹可强，2004）。系统在临界状态附近会同时存在几个序参量，每一个序参量都对应着一种宏观结构，现代管理者要通过适当控制外部参量和内部协同来强化和突出某一序参量，使系统按照人的愿望发展（张立中，2007）。门球社区体育俱乐部依托社区公园体育场地设施而建立、发展，管理机构设立在公园。门球社区体育俱乐部与社区公园体育场地设施的协同产生了序参量，序参量通过外部控制参量（政府系统作用）而产生，支配着门球社区体育俱乐部与社区公园体育场地设施（要素）之间的协同行为，主导和规范着两个子系统的行为和交流合作。

支配着门球社区体育俱乐部和社区公园体育场地设施协同的序参量是什么？协同理论伺服原理对于序参量的描述很抽象，为了更好地描述序参量，可把门球社区体育俱乐部与社区公园体育场地设施看成一个系统，称之为协同系统。门球社区体育俱乐部与社区公园体育场地设施是协同系统下两个子系统的协同。序参量决定着系统的宏观结构，序参量不同，系统演化过程和演化成的结构也不一样。序参量的产生是门球社区体育俱乐部与社区公园体育场地设施之间协同的结果，序参量就是“制度创新”，生成的序参量促使门球社区体育俱乐部与社区公园体育场地设施协同产生了具有宏观结构的协同治理系统。因为“制度创新”，门球社区体育俱乐部与社区公园体育场地设施产生了协同合作，使两个子系统之间相互关联、相互合作，促成协同系统从无序状态向有序状态转变或者是从有序状态向更高层级的有序状态转化。“制度创新”作为序参量，支配着门球社区体育俱乐部系统与社区公园体育场地设施系统之间的协同，主导着协同系统的演化过程，促进协同系统的有序结构形成。

三、从自组织原理视角分析

协同治理理论的自组织原理指出，在外部能量、物质、信息输入且没有外部指令的条件下，各子系统之间能够按照某种规则产生默契，相互配合、相互作用，自发地形成宏观的有序结构或功能，这就是自组织原理（曹可强，2004；张立中，2007）。目前，门球社区体育俱乐部依托社区公园体育场地设施成立了管理机构，管理机构由 1 个会长（法人代表）、1 个副会长（兼秘书长）和 3 个副秘书长组成。会长对外代表着门球社区体育俱乐部的权益和法律地位，负责统筹协调工作；副会长负责会议的组织、对区体育局群体科的工作汇报以及协调门球社区体育俱乐部的各项工作；三个副秘书长分别负责管理办公室工作、裁判员的培训和比赛工作、组织教练员技术培训工作等。门球社区体育俱乐部以会员形式不断发展壮大。截至 2015 年 6 月，会员已超过 500 人，会员只需每年交 60 元就可以正常参与活动。该俱乐部基本上月月有赛事，在一些重要的节假日（如妇女节、建军节和重阳节）也会举行一些赛事，还有全区县的比赛及跨区域比赛等。组织机构的每个人分工明确，负责到位，使门球社区体育俱乐部与社区公园体育场地设施构成的协同系统发挥着自组织的作用。

因为通过“制度创新”这个序参量，门球社区体育俱乐部与社区公园体育场地设施的协同产生了具有宏观结构的协同系统。协同理论自组织原理指出，一个系统属于复杂的开放系统，在外部能量、物质、信息（如资金、政策）输入的条件下，系统下的子系统能够按照某种规则（规范）发挥相互默契、相互配合、相互协同的作用。经过实地访谈管理者得知，门球社区体育俱乐部始于 2004 年，街道办和区体育局共同向北京市政府、区政府申请将近 200 万元建设成绿色人造门球草皮，公园无偿提供给门球社区体育俱乐部使用，门球社区体育俱乐部对社区公园体育场地设施进行使用和管理。该案例充分体现了协同系统自组织的形成需要外部能量、物质、信息（如资金、政策）输入条件。产生自组织的关键因素是协同，协同是自组织的形式和手段。如果没有门球社区体育俱乐部与社区公园体育场地设施之间的协同，就没有协同系统自组织形成的有序结构，协同是使系统的自组织形成而产生宏观有序的结构（功能）的助推器。协同是促进系统从无序状态向有序状态转变的手段，是系统内部进行自组织演化的过程，使系统的自组织能力得到加强而形成宏观的有序的结构功能。

四、从协同治理效应原理视角分析

协同治理的效应原理指出，在一个复杂开放的系统中，大量子系统（要素）相互关联、相互作用而产生整体效应。门球社区体育俱乐部与社区公园体育场地设施所构成的协同系统发挥着协同效应。门球社区体育俱乐部对社区公园体育场地设施进行有效的管理，门球社区体育俱乐部使用社区公园体育场地设施的效率非常高，不仅日常活动开展得非常好，还经常性组织很多重要的赛事，体现出两者相互关联、相互作用并产生协同效应，这种协同效应的功能大于门球社区体育俱乐部和社区公园体育场地设施独立运行的功能，发挥“1+1>2”的整体功能。既提高了社区公园场地资源的利用率，又促进了门球社区体育俱乐部系统的发展。案例体现了系统下的子系统之间因为相互的关联和协同治理而促进了系统协同治理，实现了资源的整合，发挥出“1+1>2”的整体功能作用。

第五章　我国城市社区公共服务体系理论构建

城市社区公共服务体系的构建围绕着宏观的制度变迁、中观的制度创新、微观的管理创新。体系建设的宗旨不是以学校教育部门为核心，而是定位在以政府为主导。多部门协调职责划分的模式是一种全新的城市社区公共体育服务体系构建模式，用以解决城市社区公共体育服务体系的缺位。因此，共享实质上是以协同过程为核心的新型城市社区主体关于社区公共体育服务体系的协同治理。这种服务体系必须是以政府为主导而建立的。城市社区公共体育服务体系在顶层设计欠缺、需求导向偏离以及多元协同乏力等方面存在的问题，共同构成提高城市社区公共体育服务供给效率和质量的制约因素（邓大才，2002；汤铭潭，2005；孙伯强，2004）。因此，本章引入制度变迁理论、公共产品理论、交易成本理论、产权理论、协同治理理论作为立论基础，并在这个理论基础之上建构一个公共体育服务理论体系，解决城市社区、学校体育场地设施共享中出现的问题。选择制度变迁理论、公共产品理论、交易成本理论和协同治理理论作为城市社区公共服务体系的基础的主要原因在于：①改革开放以来我国经济体制改革不断深化，这一制度的变革基本影响了社会资源的配置方式，因此在研究社区、学校体育场地设施资源共享问题中必须考虑制度因素的影响，以此才能通过共享、协同构建形成城市社区公共体育服务体系；②城市社区公共体育服务体系中的学校体育场地设施资源与城市社区体育场地设施资源的性质决定了其应该由谁来配置，这决定了服务体系的主体，而公共产品理论为其性质提供了分析的路径和必要的技术；③体育场地设施共享服务由谁提供主要取决于交易成本的大小，如果组织内部提供服务的交易成本太高，那么就需要转到其外部提供，引入交易成本理论是为了分析服务提供的内外部效率；④长时间以来学校、社区体育场地设施资源产权不清，致使体育场地设施资源富集与贫瘠共存，产权理论对于人们明晰学校、城市体育场地设施的产权性质提供了分析路径，为社区、学校体育场地设施共享提供理论依据；⑤协同治理理论重在在城市社区与学校体育场地设施共享后推动形成城市社区公共体育服务体系，因此协同治理理论可以指导城市社区公共体育服务体系的运行和拓展。多元主体在治理中的协作、互助和调和，有利于各主体作用的发挥，使多元主体在积极认同、互助合作的基础上推动城市社区公共体育服务体系建设（赵慧娣，2018）。

最后，就共享、协同、协同治理三者之间的关系而言，共享是社区中不同单位间的社区公共体育场地设施及其服务的分配，协同是社区间不同主体超越自身视角共同寻求解决方案的过程，而协同治理则是两个以上部门通过信息共享、资源互动、能力互补和共同行动来实现单一部门无法达到的目标。简言之，协同治理是本，协同是解决共享中问题的过程，协同治理则是解决问题的体系。因此，将共享作为研究的起点。

第一节　影响我国城市社区公共体育服务体系构建的几个关键问题

一、公共体育产品与公共体育服务概念

本书认为公共体育产品需要在公共产品、公共服务这个大概念下讨论，其是指具有公共产品的非竞争性和非排他性（何娟，2012），用于满足公众的健身体育需求，具有公共属性的体育物质条件和服务的总和。公共体育服务是指为实现和维护社会公众或社会共同体的公共体育利益，保障其体育权益的目标实现，以政府为核心的公共部门，依据法定职责，为满足公共体育需要而提供的公共物品或混合物品（肖林鹏等，2007）。它具有非竞争性和非排他性的公共物品的属性（刘艳丽和苗大培，2005），公共体育服务概念可分为三类：第一类，强调“公共”，指出体育服务受众的广泛性和供给方式的多样性，如为满足社会成员的体育需求，不同服务主体向其提供公共体育产品的过程即公共体育服务，这与公共产品概念的过程说相似；第二类，强调“体育”，认为公共体育产品与服务相关行为的总称即公共体育服务，这与公共产品概念的活动说相似；第三类，强调“服务”，指出体育服务是政府职能的履行和公众权益的维护，如体育公共服务是满足公共需求的行为，是为公共利益提供的基本和广泛的服务，这与公共产品概念的过程说相似（刘艳丽和苗大培，2005），公共体育服务是指“政府组织或非政府组织提供的体育产品或体育服务”（刘艳丽和苗大培，2005）。综上，本书倾向于认为公共体育服务是通过提供各种体育产品满足公民需要的公共服务过程。

公共体育服务与体育公共服务的概念辨析一直是学者研究公共体育服务的主题之一。在研究初期，学者对公共体育服务、体育公共服务的概念有混用之嫌（任海等，2001）。尽管大部分研究者没有对这两个术语进行细致的划分，两者往往代指相同的内容，但统一概念有利于研究开展（周爱光，

2012）。直到2011年《体育事业发展“十二五”规划》颁布，其中使用“公共体育服务”，两个术语才逐渐趋于统一（周爱光，2012；王学彬和郑家鲲，2015）。有学者从公共产品理论的角度认为体育公共服务是提供体育公共产品和服务行为的总称（戴永冠和林伟红，2012；郇昌店和张琮，2011；王学彬和郑家鲲，2017；谢正阳和汤际澜，2014）。有学者认为公共体育服务与体育公共服务使用的分歧，是现代汉语多重定语的排序问题。“公共体育服务”这一表述是符合语言学中关于多项定语的排序规定的（吕树庭和王菁，2016）。总的看来，概念研究归结为以下两个方面：一是经济学式定义，二是管理学式的定义。经济学式提出把公共体育服务区别于以一般市场方式提供的体育商品（产品及服务）的体育类公共产品及其相关活动。体育公共服务多基于此视角出发对其进行界定。管理学式的定义，较前者突破了公共体育服务单纯具化为物态层面的含义，强调了公共体育服务的过程说。管理学式的定义较为符合当前我国公共体育服务的发展特点。在当前研究我国公共体育服务的文献中，绝大多数研究者没有对这两个概念进行区分，其中“体育公共服务”和“公共体育服务”指代同一个概念（樊炳有，2009a）。因此，本书全文使用“公共体育服务”一词。

二、社区与学校共享体育场地设施资源的性质问题

在学校与社区体育场地设施共享过程中，对于学校与社区体育场地设施资源属于什么产品，目前研究很少涉及。以下问题有着重要的意义：学校与社区体育场地设施资源具有什么样的性质与特点，它属于公共产品还是私人产品，成为公共产品或者私人产品的理由是什么，在使用过程如何体现排他性及竞争性；公共产品、私人产品对于学校与社区共享体育场地设施的帮助意义是什么，学校与社区体育发展的现实要求两者共享体育场地设施，那么共享体育场地设施由谁来埋单，埋单的原因是什么，由谁来推动共享，由谁来提供共享；此外，站在资源论的角度来看，体育场地设施是资源，那么这种资源的性质是什么、它有哪些特点；等等。上述这些围绕着学校与社区体育场地设施的产品性质的问题对于解决共享中的理论问题及理论架构有着至关重要的作用，因此选择一个适合的理论视角去探索这些问题对于共享有着重要的意义。

三、学校与社区体育场地设施资源共享制度变迁的问题

我国由计划经济体制向市场经济体制转型，改变了资源配置的方式：由单位配置资源转向由社会配置资源。资源配置方式的改变，导致体育场地设

施资源紧缺问题逐渐暴露出来，尤其在社区。社区资源配置由先前的单位配置改为市场、社会配置，社区体育场地设施资源配置已成为由政府主管小区开发商建设的形式。在城市社区建设高速发展的今天，这种建设形式保障不了社区体育场地设施资源的有效配给，社区体育场地设施用地与建设只是一个美丽的设想。在此种建设模式下，社区居民的体育需求受到了限制，需求限制不会造成无需求，居民的体育锻炼需求会寻找解决的办法去满足。从最早报道的学校与社区共享体育场地设施中可以发现，共享是社区为了满足居民需求而与学校协商共享体育场地设施。这时的共享从宏观角度意味着制度的改变。现今这种从局部制度改变逐步向全国扩展，政府部门在这个过程中需要做什么以及在这个过程中扩展的动力是什么，政府在宏观与微观之间需要做什么，微观与宏观之间有什么区别，这些都需要解释，从什么理论、什么角度去解释，需要一个理论去研究上述问题。

最后，政府、教育部门、体育组织协同参与社区公共体育服务体系建设的乏力也在一定程度上反映出，在我国体育制度变迁的进程中，相关公共体育服务制度的匮乏性（戴宁，2016）。

四、学校与社区共享体育场地设施的可行性问题

经济效益与社会效益是衡量共享能否可行的一个标准。需要从理论上探讨经济效益与社会效益的评价。学校体育与社区体育发展都遇到了关于设施紧缺的问题，尤其是社区体育发展过程中设施紧缺已经成为制约其发展的重要因素之一。为了更清楚地说明开放的可行性，在这里引入组织内部与外部的概念，学校依靠修建设施来缓解设施紧缺，改善学校与社区使用设施的现状不具可行性，这种方式属于组织内部解决。一是要花费巨额资金去购买体育场地设施；二是在短时间内不可行；三是对于快速发展的城市来说建设用地日趋紧张。社区、学校体育场地设施建设要耗费大量的土地资源，故不可行。学校相对于社区来说是组织外部，假如从组织外部以经济效益来衡量共享，那么学校与社区共享体育场地设施的理论基础是什么，这两个组织之间的体育场地设施资源有什么样的差异与共性，假如它们实施共享，对于这两个组织的经济效益如何？

五、学校、社区体育场地设施的来源与归属问题

学校体育场地设施资源属于教育资源，由政府教育部门来配置，学校行使体育场地设施的管理权与使用权。社区体育场地设施资源一般属于社区居民、开发商、体育部门所有。例如，小区中的全民健身路径就由体育部门来

配置，小区中的体育场地就属于小区全体业主所有，小区中的健身会馆属于开发商。这些设施都属于体育场地设施，它们性质不同，属于不同部门不同系统所有。城市社区与学校共享体育场地设施资源，必须了解这些分属不同部门、系统的体育场地设施资源的性质。这些体育场地设施资源分属不同的部门、系统，为不同的人群服务，它们共享的基础是什么，换句话说“凭什么共享、共享的依据是什么”。学校体育场地设施由政府教育部门配置，它来源于政府，使用范围却仅限于学校，同样社区体育场地设施存在这样的问题，因此辨别设施资源的来源与归属变得异常重要，这是双方共享资源之前必须明确的问题。资源归属、来源与前面资源性质问题的分析角度不同，前者是说明体育场地设施为什么共享，是从资源本身产品特点角度说明共享的可能性，而后者是解释资源从何而来，明晰资源使用不应局限在学校或者社区这样的小范围。一个是分析资源的来源及归属，一个是分析资源特点性质，使用什么样的理论分析这些问题对于城市社区、学校共享体育场地设施有着重要的意义。

第二节 实施城市社区公共体育服务体系的理论基础

一、共享理论之一——公共产品理论中的公共产品学说

一种产品或服务是否为公共产品，要看其是否具备两个特征：非排他性和消费的非竞争性。非排他性是指只要有人提供了公共产品，不论其意愿如何，都不能排除其他人对该产品的消费。若想排除其他人从公共产品的提供中受益，或者在技术上是不可行或极其困难的，或者排除的成本过于昂贵而缺乏可行性。消费的非竞争性是指某物品在增加一个消费者时，边际成本为零，即在公共产品数量一定的情况下，将其多分配给一个消费者的边际成本为零（魏来，2007）。但这并不意味着多提供一单位公共产品的边际成本也为零，因为公共产品的提供同样耗费了有限的资源，所以在这种情况下，多提供一单位的公共产品的边际成本同其他产品一样是正的。非竞争性包含两方面的含义：①边际生产成本为零，这里的边际成本是指增加一个消费者对供给者带来的边际成本；②边际拥挤成本为零，每个消费者的消费都不影响其他消费者消费的数量和质量，这种产品不但是共同消费的，也不存在消费中的拥挤现象。从严格意义上说，上述两个特征都不是绝对的，它们有赖于技术条件和具体环境。在确定一种物品是否为公共产品时，还必须考虑受益者人数及能否将这些受益者排除在该物品的享用之外，当受益者人数众多且

排除任何一个受益者在技术上不可行时，该物品就可视为公共产品。在公共产品的两种特征中，非竞争性是其基本特征，由公共产品的自身特点决定，而非排他性则由产品以外的因素决定，如对公路是否收费。广义的准公共产品是指由政府提供的仅具有公共产品部分特征的产品，又称混合产品；狭义的准公共产品是指具有利益外溢性特征的产品。有些产品所提供的利益的一部分由其所有者享有，是可分的，从而具有私人产品的特征，但其利益的另一部分可由所有者以外的人享有，是不可分的，所以又具有公共产品的特征。公共资源作为准公共产品的一种，是具有非排他性和竞争性的物品（肖林鹏，2008），公共资源是一个资源系统，公共资源的两个特征即非排他性和竞争性可以这样描述：一是资源使用不受限制；二是这种资源是稀缺的。为了理解体育场地设施的公共资源性质，需要认识资源系统和由该系统产生的资源单位，同时对两者加以区别。资源系统可以看作一种储存变量，在有利的条件下能使流量最大化而又不损害储存变量或资源系统本身。资源单位通常包括个人对体育场地设施的使用次数。公共资源的特征决定了资源系统是共同使用的，资源单位却不是共同使用的，而是有一定竞争性。公共资源三个主要的特征：一是共享性，这一点在很多时候被当作既定的前提而忽略不提；二是非排他性，由于存在非排他性而产生了"搭便车"问题；三是竞争性，因此在使用中产生拥挤和过度使用等问题。

二、共享理论之二——制度变迁与制度创新理论

制度是一系列被制定出来的规则、守法程序和行为的道德伦理规范，它旨在约束追求主体福利或效用最大化利益的个人行为（李文涛，2001）。该表述是制度的广义概念，包含了根本制度、体制制度和具体制度三个方面。制度变迁理论认为：制度变迁是制度的替代、转换与交易过程，可以理解为一种效益更高的制度对另一种制度的替代过程。制度变迁有两种含义：一是制度创新问题，即新的制度安排如何产生的问题；二是如何从旧制度安排过渡到新的制度安排，即新旧制度如何转轨的问题（马斌和王莹，2003）。制度创新被视为制度变迁、制度发展的同义语，用以表达制度创立、变更及随着时间变化的动态过程。制度创新可定义为，制度创新主体为实现一定的价值目标而进行合乎生产力发展要求的完善现有制度或制定新制度的创造性活动。在前文提到了强制性变迁及诱致性变迁。诱致性制度变迁也称为需求型变迁，它是现行制度安排的变更或替代，或者是新制度安排的创造，它由个人或一群人，在响应获利机会时自发倡导、组织和实行。这种制度变迁必须由某种在原制度安排下无法得到的获利机会引起。诱致

性制度变迁的主体是个人或一群（个）人或一个团体。诱致性制度变迁的特点可概括为：①营利性，即只有当制度变迁的预期收益大于预期成本时，有关群体才会推进制度变迁；②自发性，诱致性制度变迁是有关群体对制度不均衡的一种自发性的反应，自发性反应的诱因就是外在利润的存在；③渐进性，诱致性制度变迁是一种自下而上、从局部到整体的制度变迁过程。强制性制度变迁也称为供给主导型变迁，由政府命令及法律引入和实现，是指由政府借助行政、经济、法律手段自上而下组织实施的制度创新，它以非排他性的产权结构和集权型决策体制为制度条件（汤铭潭，2005；孙伯强，2004）。强制性制度变迁的主体是国家，国家的基本功能是提供法律和秩序，并保护产权以换取税收。这两类制度变迁的优势不同，诱致性制度变迁主要是依据一致性同意原则和经济原则，而强制性制度变迁的优势在于，它能以最短的时间和最快的速度推进制度变迁，它能以自己的强制力和“暴力潜能”等方面的优势降低制度变迁的成本。两类制度变迁面临的问题不同，如诱致性制度变迁作为一种自发性制度变迁过程，其面临的主要问题是外部效果和“搭便车”问题，而强制性变迁却面临着统治者的有限理性、意识形态刚性、官僚政治、集团利益冲突和社会科学知识局限等问题的困扰。制度变迁的核心原因在于经济主体希望获取最大的潜在收益。从结果上看，则是非均衡的制度安排必然导致制度变迁，而制度安排从非均衡到均衡的演变过程也就是制度变迁的过程。

制度创新主要包括对现存的制度理论的更新、制度规则的变革、制度组织的调整、制度设备的改进或对全新的制度的科学合理构建。制度创新与社会进步相一致，是社会规范的前进运动、优胜劣汰和积极发展，是一种价值判断，在国家基本制度不发生根本改变的情况下，对某些具体制度安排的改进、完善、健全，它的进行一般是渐进式的、程序化的和经常化的。

三、共享理论之三——交易成本理论

科斯 1937 年发表的《企业的性质》一文提出交易成本概念，这标志着“交易费用”范畴的创立和交易成本理论的初步形成。交易是对人的时间、精力、空闲的配置和耗费（邓大才，2002）。交易成本一般指的是企业在经营过程中除直接生产成本以外的所有其他费用，或者说是企业在企业之外即市场交易中必须面对的成本。新制度经济学认为决定交易在组织内部进行还是在组织之间进行主要取决于交易成本。交易成本经济学的观点是，一项交易要选择交易成本最小的治理结构来完成，要把属性各不相同的交易与成本和效能各不相同的治理结构匹配起来，经济组织的核心问题在于节省成本。

企业和市场都是治理结构，这一结构主要起源于节省交易成本，自动适应和合作适应的效果随治理结构的不同而不同。

交易成本经济学认为：①当资产专用性的最佳水平极低时，无论从规模经济还是从治理成本上看，都是市场采购更为有利；②当资产专用性的最佳水平极高时，内部组织更为有利；③对于中间状态的资产专用性来说，这两种成本只有很小的差别，这时很容易出现混合治理，即可以看到，某些企业将从市场上采购，其他企业将自行制造，而两者对当前的对策都会表示出不满意。

交易成本经济学为了描述或刻画交易的目的而倚重的主要维度是：①交易重复发生的频率；②它们受影响的不确定性程度与种类；③资产专用性条件。其中交易成本经济学的许多可辩驳的含义取决于最后一个维度（资产专用性），可以说资产专用性是最重要的标志。资产专用性是指资产能够被重新配置于其他用途，并由其使用者重新配置而不牺牲其生产性价值的程度。资产专用性可分为六类：①场地专用性；②实物资产专用性；③人力资产专用性；④品牌资本；⑤奉献性专用资产（专项资产）；⑥暂时性专用资产。

四、共享理论之四——产权理论

产权是一种重要的制度安排形式，而产权理论是新制度经济学的一个重要分支。产权理论要研究的是如何通过界定、安排产权结构，降低或消除市场机制运行的社会费用，提高运行效率，改善资源配置，促进经济增长。何谓产权？产权包括一个人或其他人受益或受损的权力。产权用于界定人们如何受益及如何受损，因而谁必须向谁提供补偿以使他修正人们所采取的行动。现在一个基本被认可的定义是，产权是指由物的存在及与其相关的使用所引起的人们之间相互认可的行为关系。产权的本质：①产权是与某一物品或财产有关，具有排他性的权力。产权的排他性意味两个人不能同时拥有控制同一事物某种相同的权力，特定的产权只能有一个主体。产权虽然与排他性有关，但并非涉及产权就必然是排他性产权，产权可以分为排他性与非排他性产权，下文提到的体育场地设施的公共产权即一种非排他性的产权，主体具有多元性。②产权是一种行为权力，因而是界定人们行为关系的一种规则，这是产权的基本属性。产权的所有者以社会的法律、习俗和道德所表达的特定方式行使权力，作为一种社会工具，产权所表现出来的行为规则明确了交易主体的权力、责任和收益关系。③产权是一束权力的集合，产权的分解是社会分工发展在产权权能逐渐完善上的重要体现，如现代企业制度的出资权与经营权的分离。④产权是可以交易的权力，作为行为权，产权具有现实的与潜在的经济价值，因而具有可交易性，但这不是充分条件，关键还在于该产权排他界线是否真正明晰。从以上四个方面可以看出产权概念具有独立意义，考察学校、社区体育场地设施资源共享时，引入产权能够较为直观地揭示它的表层权力结构。

五、共享理论之五——协同治理理论

协同治理作为一种源于治理理论和协同学理论的治理策略，为研究城市社区中的体育组织、政府、学校之间的资源共享提供了一个分析框架。对于解决公共体育服务的问题具有非常有效的作用，本小节对协同治理的理论做简单介绍。第一，协同效应原理是指在一个复杂开放系统中，大量子系统（要素）因相互关联、相互作用而产生的整体效应或集体效应，是各子系统（要素）协同作用产生的结果。对于一个开放系统来说，当外部环境（能量）对其的刺激达到一定临界值时，会促进各子系统之间产生协同作用。这种协同作用破坏了系统的原稳定状态，使系统从无序到有序，从而达到一个新的更加稳定的状态。第二，自组织原理。从动态角度看，自组织就是系统从旧的有序状态转变为新的有序状态，或者从无序状态转变为具有一定结构的有序状态。从静态角度看，自组织是指开放系统在子系统的合作下出现的宏观尺度上的新结构。自组织是相对于他组织而言的。他组织的组织指令和组织能力来自系统外部，而自组织系统在没有外部指令的条件下，其内部子系统之间能够按照某种规则自动形成一定的结构或功能，具有内在性和自生性特点。自组织原理解释了在一定的外部能量流、信息流和物质流输入的条件下，系统会通过大量子系统之间的协同作用而形成新的时间、空间或功能有序结构。哈肯提出自组织原理揭示的是一个开放系统在与外界进行物质、能量、信息交换的条件下，通过系统内部子系统（要素）之间的相互关联、相互影响、相互作用而形成协同效应，使系统自发演变为宏观状态的有序结构（郁建兴和张利萍，2013）。但是系统自组织的形成必须具备一些条件，换句话说，如果不满足这些基本条件，系统自组织能力就很难形成或根本无法形成。所以，有必要分析系统自组织形成的条件，以更好地去利用协同理论的自组织原理开展服务。协同理论研究的对象须具有系统开放性、系统随机涨落性、系统具有远离平衡态的非线性等条件。在自组织系统演化过程中，开放性提供的是外部条件，开放、涨落、非线性相互作用都是不可缺少的重要因素。综上，系统自组织的形成需要加强系统与外界进行物质、能量、信息的沟通。系统自组织形成的特征包括开放性、涨落性、非线性。第三，伺服原理，也称支配原理或役使原理。当系统接近临界点或不稳定状态时，序参量主宰着系统

整个演化过程。如果某个参量在系统演化过程中从无到有地变化，并且指示新结构的形成，反映新结构的有序程度，它就是序参量。序参量用来解释系统有序演化的过程和机制，协同是在序参量支配下使子系统步调一致的运动过程。序参量是大量子系统集体运动有序程度的参量。它是在系统内部大量子系统相互竞争和协同的作用下产生的，一旦形成，又起着支配各子系统行为的作用，成为系统的控制中心，决定系统的有序结构和功能行为，主宰着系统整体演化发展的过程（王振中，2007）。

序参量与系统各子系统之间以及子系统与子系统之间是相互作用、相互影响的关系（图 5-1），序参量首先是通过各子系统之间相互作用形成协同行为的参量。序参量又可以促进各子系统之间的协同作用，在临界状态支配着各子系统行为，使系统从无序状态向有序状态转变或者从有序状态向更高一级的有序状态转变，主宰系统整体形成新的有序结构。综上，协同治理以国家法规制度和契约为权力来源，以满足社区居民的体育需求为导向，使不同组织间的利益得以调和并且长久采取联合行动，形成国家和非政府体育组织之间平行或自下而上的运行向度，从而形成体育行政和公共事务领域提供服务的方式，可以最大限度地增进体育领域的公共利益并使其得到最大化。

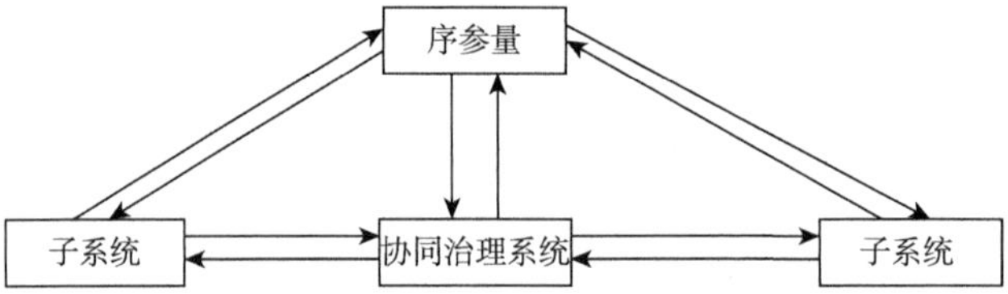

图 5-1 序参量与子系统的关系

第三节 城市社区公共体育服务理论治理的问题

一、城市社区与学校体育场地设施资源的公共产品性质

选择公共产品理论进行分析是为了阐明其共享的必要性。学校、社区体育公共设施是公共资源，公共资源在准公共物品的范畴中来阐述。具有非排他性和一定程度的竞争性的物品就是准公共产品，学校、社区体育场地设施属于准公共产品。就非排他性来看，理论上一个学生对学校体育场地设施的使用并不影响在学校节假日中或者非教学时间社区市民或者学生的使用。有竞争性是因为体育场地设施供给随着使用体育场地设施人数的增加，一方面，边际成本并不一定为零，因为人数增加可能会迫使学校增加设施，在维

修体育场地设施资源、管理体育场地设施等方面花费相当一部分资金，使得成本增加；另一方面，假设边际成本为零，还可能出现拥挤成本。虽然一所学校同时容纳许多人，但可能会因为体育场地设施能量或容量的限制而出现拥挤现象，所以拥挤成本不为零。从这两方面来看，体育场地设施资源具有一定的竞争性，属于准公共产品。学校、社区体育资源属于准公共产品，由政府或市场提供，但是费用由政府来补偿，也就是政府为共享体育场地设施资源的费用“埋单”，对学校、社区而言，政府要补偿体育场地设施资源消耗时发生的费用，但是资源的提供者可以是非政府的机构——学校、社区。这样非政府机构提供的体育场地设施资源就可以按照市场的价格进行“交易”，为不同的主体所共享，而共享资源发生的使用费，可以由政府直接拨付给资源提供机构，也可以先拨付给学校，然后向资源提供者支付。

学校、社区体育场地设施具有非排他性，不能阻止他人的使用，但在同时间段多人使用会造成拥挤效应，所以学校、社区体育场地设施是一种共同使用整个资源系统但分别享用资源单位的资源。学校、社区体育场地设施资源是公共资源，由于我国管理体制条块分割，体育场地设施资源在横向管理中不能合理流动，形成拥有资源的“贫富悬殊”，这些体育场地设施资源所有权属于国家，由于隶属管理边界的不同，出现使用权替代所有权进行管理的现象。以学校体育场地设施为例来说，学校为资源占用者。由于所有权者和使用者、资源占用者是可分的，学校不愿向社区居民提供体育场地设施，学校忽略了体育场地设施属于公共资源这个既定事实。而使用公共产品理论，为学校、社区体育场地设施对外开放共享提供了切实的理论基础。

二、城市社区与学校体育场地设施资源共享的可行性

学校向学生提供体育教育中所需的体育场地设施，社区也向社区居民提供体育场地设施，但是体育场地设施供需在学校与社区中是有差异的，学校体育场地设施供过于求而有的社区则供不应求。当社区体育场地设施需求不能被满足时，这种需求应该由社区内部自行解决还是由外部通过市场来满足，也就是交易在内部进行还是在外部进行的问题。对于社区、学校而言，体育场地设施需求由社区、学校内部满足还是由外部满足，其交易成本是不同的，要选择合理的治理结构，以实现较低的交易成本。如果把学校内部提供体育场地设施看作内部服务，体育场地设施共享（外部组织向学校提供资源）则可以视为一种外部服务，至于内部服务的成本与外部服务的成本哪个更低则要视资产专用性水平而定。如前所述，如果专用性水平高，采用内部服务有利；如果专用性水平低，则应采用外部服务；而当处于两者之间时，

应采用混合治理（服务）。由于学校与社区体育场地设施资源的专用性水平较低，社区、学校难以满足市民、学生需求的那部分资源应选择外部服务来提供，即通过社区、学校体育场地设施共享服务来完成，其间的交易成本可谓最低。社区与学校共享体育场地设施具有可行性。

三、城市社区与学校体育场地设施资源配置中的制度变迁与创新

引入制度变迁与制度创新理论的目的在于以制度变迁理论解决共享中的宏观问题，以制度创新理论使宏观问题微观化，解决制度供给不足的问题。我国经济的高速发展对公共体育服务的制度供给提出了系统性要求，它是体育治理向更高层次迈进的过程中必须面对的，公共体育服务体系在顶层设计欠缺、多元协同乏力等方面存在的问题，共同构成城市社区公共体育服务供给效果与效率的制约因素。

制度变迁理论分析体育场地设施资源配置制度的变更，制度创新理论分析制度变更过程中相对应的制度创新。制度创新理论告诉我们应该如何做，其结果应该是什么，而制度变迁理论告诉我们事实是什么，为什么没有这样，所以对制度变迁理论的研究是对制度创新理论的修正。用制度变迁理论来修正制度创新理论，制度创新是制度变迁在微观层面的延伸，是制度变迁的微观层面具体化（李文涛，2001）。

制度变迁对于资源配置方式影响颇深。制度分析表明，资源配置的转换和生成是外部制度环境与内部制度安排相互作用、相互约束的变迁过程。外部制度环境是新的资源配置方式转换和生成的必要条件，内部制度安排是新的资源配置方式转换和生成的充分条件。体育场地设施资源配置在外生性变量的作用下，正在发生与传统计划经济条件下不同的改变。20 世纪 90 年代后期以来体育资源配置方式发生了巨大变化，而且这种变化本身依赖于外部制度环境的变化。从变革的趋势来看，体育制度的变迁将走强制性变迁与诱致性变迁相结合的道路。社会经济制度变迁对体育制度的变迁影响深远，同时也对体育场地设施资源配置方式的变化产生了巨大作用。20 世纪 90 年代后期，我国短时间内就集中地创造出市场化运作形式，不同程度地把公共体育与市场结合起来。例如，随着单位体制的变革，人们的体育需求逐渐由单位体育向社区体育转变，体育场地设施的供给主体由单位向社区转变（陆作生，2004）。随着社会经济制度的变迁，体育制度变迁不是单一强制性变迁或者诱因性制度变迁，而是走向强制性变迁与诱因制度性变迁相结合的道路。体育场地设施供给不断市场化，资源由单一的政府配置转向了由政府和市场共同配置。这表明体育场地设施资源不仅可以由政府提供，还可以通过

市场提供。因此，当社区体育场地设施不能满足人们的体育锻炼需求，而又无法从政府手中获得所需的更多资源时，社区就会转向市场，从市场中获取体育场地设施资源，同时支付相应的费用，或者采取互惠互利的办法来实现这些资源的使用，这是当前体育场地设施资源共享中最常见共享的雏形。这里的市场以必定存在相符的资源为前提，那么存在这个适合的体育场地设施资源的“市场”即学校。在这个过程中必定以强制性变迁与诱因性制度变迁相结合的方式来进行共享。因此，在这里对于双方共享必定采用诱因性变迁与强制性变迁相结合的制度变迁道路，学校、社区体育发展的现状也能昭示出，在社区发展与学校体育场地设施自发性共享的同时，国家将会强制性推动此措施。

制度变迁是指宏观方面制度的演进过程，与微观层面的制度变化不同，宏观层面应是在制度执行层面的创新以解决制度供给的不足，这种创新是以政府部门为主要动力的资源配置管理方法的创新。在教育部门、社区之间资源纵向流动的基础上加强横向资源流动，将学校融入社区的大社区管理理念。在具体层面，这些都必须从制度创新的理论角度加以解释。以制度创新的角度去革新管理模式，创新管理方法，在政府管理的层面上加强不同部门之间的横向管理，强调在政府领导下的部门之间的相互配合、协同，做到“纵向资源配给、横向流通”，提高资源的利用率。

四、城市社区与学校体育场地设施资源的归属

阻碍学校、社区体育场地设施共享的问题之一就是公众对学校、社区体育场地设施的产权归属认识不清。我国的学校、社区无论是政府拨款设立的还是企业及行业部门投资设立的，本质上都是纳税人行为的公共体现，纳税人的纳税行为使其有权通过合法形式在其一生中不断获得利用学校体育场地设施进行体育锻炼的机会。目前除私立学校以外，我国公立学校基本上都是我国公民缴纳税金，国家进行再分配，用于学校体育场地设施的建设使用（王凯珍，2004；杨可可，2017；苗大培等，2007）。此外，社区体育场地设施有相当一部分是通过体育彩票公益金修建的，这个就更应该对外开放，基于这一点，学校、社区体育场地设施属于国有资产。学校、社区体育场地设施的所有权与管理使用权分开会对共享造成不利影响。但是这个既定的国有资产的事实不应忽略，它应该成为共享的一个前提。通过产权理论确定学校、社区体育场地设施资源属于国家，学校、社区只负责对其的使用权与管理权，而无所有权，在这里表现出产权的可分割性。从产权的角度来说，学校、社区没有权力将准备进入的使用者排除在外，尤其是在学校体育场地

设施闲置的时间段内，应通过合理、有效的管理方法实现学校、社区体育场地设施共享。

五、城市社区与学校体育场地设施资源共享的协同治理

协同治理的核心是通过促进多组织安排中的运行过程，以解决单个组织不能解决或者不易解决的问题。城市社区公共体育服务的协同治理是指运用行政管理、法律法规等手段，构建制度体系和建立共享平台，积极培育和发挥社区体育俱乐部、青少年体育俱乐部等社区体育组织在参与服务、自主治理、协同治理等方面的作用，形成政府主导、社会协同、共建共享的治理新格局，具有目标一致、资源共享、互利互惠等特征（王占坤等，2015；风笑天，2005；尹维增和张德利，2009）。通过协同治理来整合城市社区体育资源，实现资源共享和优势互补，形成城市社区与学校设施资源从共享向协同治理过渡。

在城市社区公共体育服务体系供给中，首先城市社区与学校场地设施共享，需要更多的组织来协同供给，形成社区公共体育服务体系，属于多元化协同供给的局面。社区体育俱乐部、青少年体育俱乐部、社区管理部门等组织具有较强的服务性和治理优势，通过与社区政府组织的资源与权力共享，建立平等的协同关系，进行协作性管理，这样可以弥补体育部门供给所出现的缺陷，从而提高社区公共体育服务的供给效率。政府一改在供给中作为单一供给主体的角色，上述组织作为“第三部门”的治理主体会承担更多生产责任，是更高层次的政社合作。其核心是以政府为主导+多主体共同参与城市社区公共体育服务管理，围绕城市社区公共体育服务进行制度创新、迭代；其机制是共同参与、沟通协调，释放多主体提供公共体育服务的潜力，使社区内的公共体育资源得到最妥善有效的运用。

运用行政管理、法律法规等手段，构建制度体系和参与平台，积极培育和支持社会力量，并发挥其在参与服务、自主治理、协同管理等方面的作用，形成政府主导、社会协同、共建共享的治理新格局，从而实现和谐有序、充满活力的社会治理目标。治理意味着代表国家、社会、市场的多元主体共同以新的方式互动，以应对日益增长的公共体育服务的复杂性、多样性和动态性，最终达到一个有序状态或新的宏观结构。

第四节　城市社区公共体育服务体系的理论目的及构建

本章的理论基础不是单一的理论，而是通过理论融合形成一种理论架构

来整合上述理论，解决共享中出现的问题，即构筑资源共享机制（体育设施资源共享理论），即从制度变迁的视角借助政府制度创新，引领学校、社区区域资源整合，突破现行的横向流动的樊篱，构建城市社区公共体育服务体系。

本书认为该理论应该建构在三门学科的框架下，从五大理论上获得基础性支撑。三门学科指的是经济学、管理学和体育学，五大理论指的是经济学的制度变迁理论、公共产品理论、交易成本理论、制度创新理论、协同治理理论。之所以认为教育资源共享理论应该建构在这样一个框架下，是因为该理论至少涉及社会资源利用效率问题。

一、构筑资源共享理论的目标之一是有效提高社会资源利用效率

我国学校体育场地设施资源相对社区体育资源来说非常丰富，而因为学校体育场地设施使用上的特点，学校中存在体育场地设施资源利用不合理、效率低下甚至浪费的现象。具体而言，学校由于课时安排的原因，其体育场地设施部分时间是闲置的，而社区却存在体育场地设施少及无体育场地设施的状况。因此，体育场地设施资源共享理论的构建是为了促进学校与社区共享体育场地设施进而上升到使用体育资源合作，实现体育场地设施资源共享，提高社会资源利用效率，缓解资源紧张与闲置的现实矛盾。

二、构筑资源共享理论的目标之二是促进社区与学校协调均衡发展

在我国，社区体育与学校体育发展存在着差异，而且在每一个城市内部也普遍存在发展不平衡的现象。即使是在北京、上海等发达城市，学校体育与社区体育的差距也非常明显。由于各地经济和社会文化的差异、管理体制问题等原因，本已存在的区域之间、学校体育与社区体育不均衡现象进一步加剧。如任其发展，则会延缓社区体育的发展，必然会引发新的体育发展不均衡，社会发展不均衡，甚至会造成诸多社会隐患和矛盾冲突。因此，体育设施资源共享理论把目标指向改善体育发展的不均衡乃至社会发展的不均衡，努力促进社区及学校体育的协调发展。

三、城市社区公共体育服务体系的理论构建

社区公共体育服务体系的相关制度创新应从理念和实践层面确立相应的价值导向，并根据治理任务与治理模式匹配的原则，对政府、教育部门、社区体育俱乐部、青少年体育俱乐部等可供选择的公共体育资源进行组合与重构，加快推进政府制度创新，引导体育社会组织参与公共体育服务供给体

系的构建。

协同理论为体育社会组织参与公共体育服务体系建设提供了重要的理论基础。协同治理机制的建立，必须通过制度变迁、制度改革和制度建设来实现，从强化向诱制性制度变迁发展，发展社会赋权制度、清除落后制度，以及建立健全促进社区公共体育服务体系的支持培育制度等三个层面同步推进，并形成不同制度间的合力（图 5-2）（王占坤等，2015）。而当各类社区主体（社区管理部门、社区体育俱乐部、青少年体育俱乐部）日渐成熟后，它们必将推动政府转移更多职能，发挥社区在社会治理中的主体性作用，最终形成政府与社会间协同关系的良性循环。

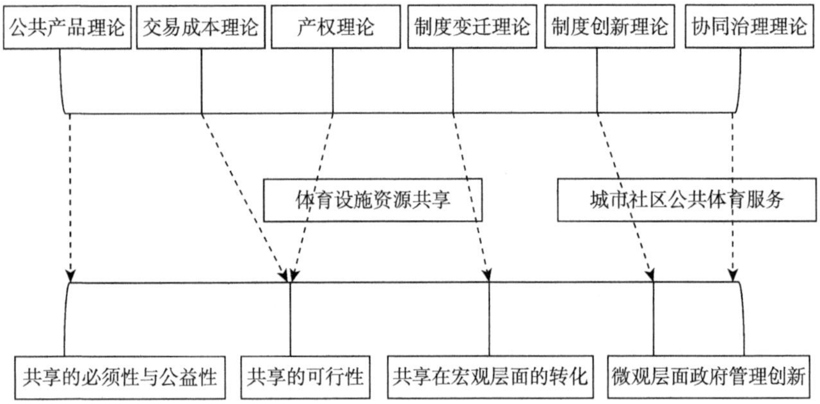

图 5-2　体育设施资源共享理论框架示意图

第六章　我国城市社区体育俱乐部与社区体育场地设施的协同治理分析

第一节　城市社区体育俱乐部与社区体育场地设施协同的紧迫性

一、有利于满足社区居民体育需求，构建城市社区公共体育服务体系

政府职能变化、“单位体制”的改革和“社区体制”的建设，对城市社会体育的改革与发展和社区体育的兴起产生了重要的影响。社区体育俱乐部作为社区体育的重要元素，它的建立发展以及数量的不断增加，意味着社区居民参与体育锻炼的机会越来越多，有利于满足人们日益增长的体育健身锻炼需求。

随着人们物质生活水平的不断提高，其对于身体健康的内在需要以及健身锻炼促进健康的意识也会不断高涨，将会激发社区居民健身锻炼的需求，甚至对体育需求会出现多样性的趋势。在“全民健身”国家战略的推进下，也会激发人们日益增长的体育需求，需要有足够的体育场地设施作为硬件载体为其提供体育锻炼场所。体育健身锻炼需要有科学的体育锻炼指导，所以社区居民需要有专门的体育健身组织去为他们提供科学的体育锻炼指导服务。社区体育俱乐部作为体育组织，可以发挥组织的功能为人们提供服务，其与社区体育场地设施之间的协同，对于社区体育俱乐部来说无疑是“雪中送炭”，进而促进社区公共体育服务体系的发展。因此，社区体育俱乐部与社区体育场地设施之间的协同，有利于满足社区居民日益增长的体育需求，促进社区体育的发展。

二、有利于资源整合，充分发挥资源协同效应

社区体育俱乐部与社区体育场地设施之间的协同治理，有利于资源整合，使资源形成合力，充分发挥资源协同效应。一是社区体育俱乐部作为体育组织，能够为社区居民提供体育健身锻炼服务以及开展日常的体育锻炼和比赛活动。聚集人才资源、技术资源及资金资源等资源优势，人才资源又可

以为技术资源提供支持。例如，社区体育俱乐部有健身教练、社会体育指导员提供各种运动技术、体育锻炼知识等指导，技术资源的发挥要依靠人才资源，人才资源的发挥也离不开技术资源，两者相辅相成，相互统一。二是社区体育场地设施为社区体育俱乐部提供体育场地设施资源，可以充分发挥其“本职”功能为社区体育俱乐部提供服务，提高社区体育场地设施资源的利用率，避免闲置现象的发生。社区体育俱乐部的发展要依靠社区体育场地设施，社区体育场地设施功能的充分发挥也要依靠社区体育俱乐部。因此，社区体育俱乐部与社区体育场地设施之间的协同，有利于社区体育俱乐部和社区体育场地设施各自功能的发挥以及两者之间的资源整合，实现“1+1>2”的整体功能，充分发挥资源的协同效应。

三、有利于促进全民健身的战略发展

2014 年 10 月，国务院发布《国务院关于加快发展体育产业促进体育消费的若干意见》，将全民健身上升为国家战略。“十三五”规划纲要指出要“实施全民健身战略。发展体育事业，加强群众健身活动场地和设施建设，推行公共体育设施免费或低收费开放”。2016 年 6 月，国务院印发了《全民健身计划（2016—2020 年）》，提出到 2020 年的目标任务是“支撑国家发展目标、与全面建成小康社会相适应的全民健身公共服务体系日趋完善，政府主导、部门协同、全社会共同参与的全民健身事业发展格局更加明晰”。

要想实现全民健身事业的发展目标，全面推进全民健身战略，促进社区居民参与体育健身锻炼，使群众体育健身活动普遍化、经常化、多样化发展，一方面需要加大修建体育场地力度或提高现有体育场地设施的利用率；另一方面需要促进社区体育俱乐部的建立发展，发挥其为居民提供体育组织的功能，使其扎根于社区，成为联系社区居民的体育组织，从而有效地激发和带动更多的居民去参加体育健身锻炼。社区体育俱乐部与社区体育场地设施的协同建设、发展，势必能够有效促进社区参加体育健身锻炼的人数不断增加，进而不断促进我国全民健身国家战略事业的发展。

四、有利于促进政府部门之间的协同，发挥政府提供公共体育服务的职能

2013 年 11 月 12 日十八届三中全会通过《中共中央关于全面深化改革若干重大问题的决定》，强调“必须切实转变政府职能，深化行政体制改革，创新行政管理方式，增强政府公信力和执行力，建设法治政府和服务型政府”。我国政府行政管理体制的条块分割现象属于客观存在，要深化体制改

革，加强政府部门之间的沟通与协调。在“全民健身”上升为国家战略的背景下，体育部门之间应该加强协同治理，创新行政的管理方式，为人们提供更多公共体育服务，逐渐从管理型的政府转变为服务型的政府。社区体育俱乐部属于街道部门系统和区体育局系统双重管理，社区体育场地设施属于街道部门系统管辖，但体育部门也参与社区体育场地设施的建设。体育部门系统与街道部门系统协同治理，创新行政管理方式，促使社区体育俱乐部与社区体育场地设施之间协同，同时也会促进区体育局与街道部门的协同。因此，社区体育俱乐部与社区体育场地设施的协同，有利于促进政府部门之间的协同，发挥政府提供公共体育服务的职能。

第二节　城市社区体育俱乐部与社区体育场地设施构成协同系统的分析

一、社区体育俱乐部与社区体育场地设施构成协同系统

将社区体育俱乐部与社区体育场地设施构成协同系统。协同理论指出，系统下的两个子系统进行独立运动无法使系统达到有序状态，彼此之间缺乏相互协同、相互关联、相互信息的交流，容易使系统出现混乱无序的状态。任何复杂系统，在外来能量的作用下或物质的聚集态达到某种临界值时，子系统之间就会产生协同作用（樊炳有，2009b）。社区体育俱乐部系统和社区体育场地设施系统都属于政府系统下的子系统，要想实现两者之间的协同作用，必须在政府系统的作用下加强它们的相互协同合作、相互交流。协同作用能使系统在临界点发生质变并产生协同效应（邵静野和来丽梅，2014），使系统从无序变为有序。因此，社区体育俱乐部和社区体育场地设施两个子系统的协同，关键是需要在政府外力作用下使两者发生协同作用，促进协同系统产生协同效应，使两者形成合力，达到整体功能大于各个部分功能的效果。

二、社区体育俱乐部与社区体育场地设施构成协同系统的自组织形成

在系统自组织形成过程中需要加强系统与外界物质、能量、信息的沟通。根据协同理论，社区体育俱乐部与社区体育场地设施构成协同系统，促使协同系统自组织形成的有利因素分析如下。

第一，协同系统必须具有开放性，任何一个系统缺乏与外界环境的物质、能量和信息的交流，其本身就会处于孤立或封闭状态而使系统内部的有序结

构遭到破坏（丁元竹和江汛清，2006；风笑天，2005）。目前，社区体育俱乐部与社区体育场地设施的协同系统具有开放性，但是协同系统缺乏从外部环境输入物质、能量和信息（如社会资源、政府政策、政府跨部门合作、资金支持等），造成社区体育俱乐部缺乏体育场地设施，社区体育场地设施则因缺乏体育组织管理而出现闲置、利用率不高的现象。

第二，协同系统要具有涨落性。在临界点上，涨落推动系统克服势垒并趋于达到新的状态，没有涨落的驱动，系统将继续滞留在旧的状态。系统处于临界点时，必须要把握好涨落的可能性和随机性，然后控制涨落向协同系统有利的方向进行，同时对协同系统演化的方向做好预判。正如郁建兴和任泽涛（2012）所说的一样，在政治或经济决策中，常常只是一个小小的涨落，比如一个意外，就将最终决定事件的主要方面，而且小小的涨落常常决定所做选择的性质，对于一个系统自组织而言，涨落所提供的是内部诱因。目前，社区体育俱乐部与社区体育场地设施构成的协同系统，需要社会资源、政府政策、政府跨部门合作及资金支持等促使其内部结构的变化及时出现涨落性。涨落使协同系统内部结构发生变化，打破旧有结构，向新的结构变化，为协同系统自组织的形成提供动力。

第三，协同系统要具有非线性。系统下的各子系统（要素）之间加强非线性相互作用，造成系统随机状态的波动。系统在一定的条件下由无序向有序转化，主导因素在于系统的各子系统通过非线性相互作用关系而产生协同作用。社区体育俱乐部与社区体育场地设施构成协同系统，协同系统下的社区体育俱乐部子系统与社区体育场地设施子系统之间需要加强非线性相互作用，从而产生协同作用，使协同系统不断从无序结构向有序结构转化。

开放性、涨落性、非线性的作用机制将有利于社区体育俱乐部与社区体育场地设施构成的协同系统自组织形成，最终使协同系统自觉地有序运行，形成有序的稳定结构（如社区体育俱乐部依托社区体育场地设施的发展模式结构）。因此，促使社区体育俱乐部与社区体育场地设施构成的协同系统自组织形成过程的有利因素包括协同系统必须具有开放性，并且需要从外部环境吸收物质、能量、信息（社会资源、政府政策、政府跨部门合作及资金支持等）（何亚群等，2013）；加强社区体育俱乐部与社区体育场地设施之间的非线性作用；促使协同系统内部结构发生变化而产生涨落性（图 6-1）。

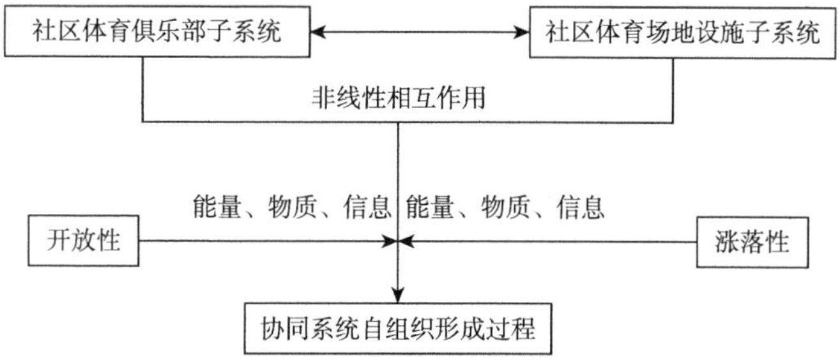

图 6-1　促使社区体育俱乐部、社区体育场地设施协同系统自组织形成结构图

三、社区体育俱乐部与社区体育场地设施构成协同系统的序参量

序参量是系统各子系统（要素）之间通过相互关联、相互协同合作而产生的变量（郁建兴和任泽涛，2012），一旦产生，就会支配着系统各子系统（要素）之间的行为，促进各子系统（要素）之间相互协同合作，使系统向更加有序的方向发展（郑琦珲，2008）。根据协同理论支配原理对序参量的描述，要加强创造条件，通过控制外部控制参量去强化和凸显所期望序参量（郁建兴和任泽涛，2012；何亚群等，2013；徐廉欣，2018），让序参量支配社区体育俱乐部与社区体育场地设施之间的协同。

结合我国行政体制的特点，需要靠制度创新来实现协同系统下的社区体育俱乐部与社区体育场地设施之间的互相协同、相互合作，制度创新就是序参量（王科飞，2017）。在制度创新的作用下，充分发挥社区体育俱乐部与社区体育场地设施各自的资源优势，使两者协同后构成的协同系统出现宏观状态的有序结构，让协同系统从不稳定状态向稳定状态转变或是从有序结构向更高级的有序结构转变，最终不断地促进协同系统的有序演化过程。因此，社区体育俱乐部与社区体育场地设施的协同，需要通过协同系统外部控制参量创造条件来凸显需要的序参量即制度创新去促进社区体育俱乐部子系统与社区体育场地设施子系统之间的相互协同、相互合作，使它们发生相互的非线性作用，出现涨落性，促进协同系统的自组织形成（郁建兴和任泽涛，2012；郁建兴和张利萍，2013；何亚群等，2013；郑琦珲，2008；徐廉欣，2018）。

第三节　城市社区体育俱乐部与社区体育场地设施的协同治理

一、政府制定协同目标，做好顶层设计

社区体育俱乐部与社区体育场地设施都被区体育局和街道办双重管理，

它们之间的协同需要区体育局与街道办的跨部门协同合作，发挥政府主导作用。两者之间的协同需要在政府层面制定政策的协同目标，去打破我国行政管理体制的条块分割现象（曹可强，2004；罗宾斯，2004）。以协同目标为共同目标有两方面作用，一方面可以促进已经形成协同系统的社区体育俱乐部子系统与社区体育场地设施子系统之间的非线性相互作用，使协同系统内部出现随机涨落，促进协同系统的自组织形成（张立中，2007）；另一方面可以研究在社区体育俱乐部与社区体育场地设施之间构建协同系统，不断发展社区体育俱乐部的数量。社区体育俱乐部与社区体育场地设施之间的协同，需要政府制定协同目标，做好顶层设计是关键。

二、以序参量创建协同系统发展模式，发挥资源整体功能的协同效应

十八届五中全会通过《中共中央关于制定国民经济和社会发展第十三个五年规划的建议》，提出坚持创新发展，必须把创新摆在国家发展全局的核心位置，不断推进理论创新、制度创新、科技创新、文化创新等各方面创新。诺斯提出强制性制度变迁需要通过政府命令和法律手段实现，是一种自上而下的制度变迁（李文涛，2001；邓大才，2002）。

诱致性制度变迁是指现行制度安排下变更和替代是由个人或者一群人自发倡导、组织和实行的，一种局部到整体和自下而上的制度变迁过程，制度变迁的主体是一群人或者一个团体（汤铭潭，2005；罗宾斯，2004；袁方，1997）。从强制性制度变迁和诱致性制度变迁的角度来看，一是社区体育俱乐部只是民间自发的非政府组织，要实现诱致性制度变迁过程是缓慢的、困难的；二是社区体育俱乐部是由区体育局发起组建的，是一种自上而下的政策行为。根据伺服原理的序参量来看，社区体育俱乐部与社区体育场地设施都是政府系统主导下的子系统，它们两者之间的协同，适合用强制性制度变迁来实现（李文涛，2001）。

因此，社区体育俱乐部与社区体育场地设施之间构成协同系统。在宏观层面，需要在区政府系统主导下促进区体育局子系统与街道办子系统的跨部门协同合作，制定出社区体育俱乐部与社区体育场地设施的协同目标。在中观层面，需要区体育局系统与街道办系统以政策的协同目标加强协作与沟通，以制度创新作为序参量促进社区体育俱乐部与社区体育场地设施的协同，创建协同系统的发展模式。在微观层面，社区体育俱乐部与社区体育场地设施之间加强互相的非线性作用，不断地从外界获取能量、物质、信息。用序参量支配社区体育俱乐部与社区体育场地设施之间的协同行为，可以有效发挥社区体育俱乐部人才优势、技术优势及组织功能的作用，以及有效发

挥社区体育场地设施的功能，有利于整合地域资源，增强整体性，突出功能互补，错位发展，相辅相成，充分发挥资源整体功能的协同效应（马斌和王莹，2003）。

三、构成协同系统需要政府提供政策保障，解决好产、责、权问题

上文提到社区体育俱乐部子系统与社区体育场地设施子系统之间的协同，需要在政府层面制定协同目标去打破我国行政管理体制的条块分割现象，以制度创新（序参量）支配社区体育俱乐部子系统与社区体育场地设施子系统之间的协同行为。制度创新需要借助外部控制参量（政策保障）来促成序参量的产生，即需要政府通过政策进行强制性制度变迁来保障制度创新（序参量）的产生（孙伯强，2004；马西恒，2006）。在协同系统中，一是要建立协同的组织管理体系。这个协同的组织管理体系可以协调社区体育俱乐部与社区体育场地设施产、责、权的纠纷。二是要实现政府资金的保障，主要用于保障社区体育场地设施的管理费用，包括场地设施的损耗维修、采购器材以及组织比赛所需要的各种费用等。三是要明确社区体育俱乐部与社区体育场地设施的管理方的权力和责任问题。政府要制定具体的制度条文及法律文件来规定社区体育俱乐部和社区体育场地设施的管理方的权责问题。社区体育俱乐部与社区体育场地设施构成协同系统需要政府提供政策保障，解决好产、责、权问题。

四、政府加强宏观调控，搭建协同信息的沟通平台

对于社区体育俱乐部与社区体育场地设施之间的协同，政府要发挥主导性作用，加强宏观调控，提高政府为社区居民提供公共体育服务的职能和科学管理水平。政府系统需要为社区体育俱乐部与社区体育场地设施之间的协同搭建信息沟通平台，用于协调社区体育俱乐部与社区体育场地设施所构成的协同系统。社区体育俱乐部与社区体育场地设施一旦出现协同问题，可以通过该协同信息的沟通平台及时地反馈给政府系统，政府再通过政策的调整去协调它们的协同关系，有关的政策保障、资金资助、供求消息、制度的颁布也可以通过该协同信息的沟通平台传达给协同系统，也有利于加强社区体育俱乐部与社区体育场地设施之间的非线性作用，促进协同系统有序结构的不断演化。社区体育俱乐部和社区体育场地设施之间的协同，需要政府加强宏观调控，搭建协同信息的沟通平台；平台需要多渠道收集信息，力争收集到社区居民的公共体育服务需求信息，做到信息无损地上传下达。信息沟通平台能够有效促进各主体间对于目标和彼此行为的了解，从而推动主体协同

发展，共同实现既定的目标；沟通平台不仅通过信息共享推动信任和共识的建设，而且可以更加有效地传递信息，促进交流。沟通平台的意义在于在协同中使得多元主体可以像一元化领导那样高效运作，沟通平台能够充分发挥政府部门的影响力，促进团结和共享的愿景的达成，从而产生出相对一致的协同治理行动。

在协同发展的过程中，构建信息共享机制是非常必要的。通过信息的收集、传递，可以得到对协同发展更有价值的信息资源，帮助政府部门做出更为科学的决策。城市社区公共体育服务的信息公开与信息分享是沟通平台建设的关键，而多渠道汇集和反馈社区居民公共体育服务需求的具体信息有助于更好地发挥沟通平台及信息共享的功能。

五、盘活整合存量资源，不断创新社区体育俱乐部的发展模式

根据地域不同，采取措施，因地制宜，整合本区县、街道乡镇、社区的体育场地设施资源，供给社区体育俱乐部使用，或为社区体育俱乐部的建立提供条件。例如，截至 2013 年底，北京市已有 12 个社区体育俱乐部与商业俱乐部合作经营，有两个俱乐部与青少年体育俱乐部合作经营，合作形式采用由社区体育俱乐部提供场地或设施的配合，而商业俱乐部给予社区居民活动一定程度的支持或优惠。因此，今后社区体育俱乐部的发展也可以考虑与商业俱乐部合作的经营模式，实现所有权与管理权分离。

社区体育俱乐部的发展离不开社区体育场地设施的供给，通过盘活整合存量资源，不断创新社区体育俱乐部的发展模式。在政府层面，第一，要以产业升级转型后的新业态代替原有业态，原有业态退出，产生疏解腾退空间，改造社区体育场地设施；第二，使社区体育俱乐部可以合理利用（城市）公园、户外广场、公共体育场地设施等体育场地设施资源；第三，鼓励具备条件的学校、公园、机关、企事业单位的体育场地设施创建社区体育俱乐部，政府给予政策的优惠，同时要求社区体育俱乐部对学生、老年人、残疾人等免费开放或给予优惠；第四，可以利用旧厂房、仓库、老旧商业设施等闲置资源建设社区体育场地设施以供社区体育俱乐部使用。因此，应盘活整合存量资源，不断创新社区体育俱乐部的发展模式，使社区体育俱乐部与社区体育场地设施构成协同系统，不断促进协同系统的自组织形成。

第七章　我国城市社区公共体育服务的目标与制度创新分析

我国城市社区公共体育服务形态以城市社区体育俱乐部与青少年体育俱乐部的服务产品输送为主，而这两类俱乐部基本上是国家出资建立的公益性体育俱乐部，承担的是公共体育服务的生产职能，所不同的是服务的人群对象不同。本章从理论上分析我国政府提供城市社区公共体育服务的合理性与必要性。

第一节　政府提供城市社区公共体育服务的必要性

一、城市社区公共体育服务的特性决定了必须由政府提供

城市社区公共体育服务的特性在于：第一，公共体育服务是满足城市公共需要的社会产品。公共体育服务是政府运用公共资源，根据权利、正义等公共价值，积极回应社会公共需要，为实现社会福利最大化而提供的社会产品与服务。第二，公共体育服务是公民平等享受的社会产品。公共体育服务的目标是平等地解决社会成员的基本生存、基本生活问题，平等地改善公民的健康生活状况、提高公民的生活质量、造就精神心理健康且有能力的公民（李嵘，2006）。理解公共服务，首先要明确“公共服务”概念与“公共产品”概念的区别。公共产品具有非排他性和非竞争性；公共产品规模效益大、初始投资量大的特点，使得私人企业或市场不愿意提供。因而，一般由公共部门与准公共部门来提供。公共服务分为提供纯公共产品的公共服务和提供准公共产品的公共服务两种。基本公共服务是提供纯公共产品的公共服务，它指政府向全体社会成员提供的平等的、无差别的公共服务，如国防、外交、公安、司法、义务教育、生态环境保护等（李阳，2010；石榴红和施阳，2010；陈其林，2007；龙新民和江庆，2007；龙新民和尹利军，2007）。

混合公共服务是提供准公共产品的公共服务，它带有满足公共需要与满足个人需要相交叉的性质，这种公共服务既能满足公共需要，又能满足个人

需要；既人人平等消费，又具有一定程度的竞争性与排他性；既要付费，又不完全付费，如高等教育特别是研究生教育、公共工程、公共体育服务等。公共服务概念比公共产品广泛，一些公共服务具有公共产品的性质，这些公共服务的成本不可能通过向消费者收费而收回，必须由国家收费或接受捐赠；如果要通过公共服务的提供者向使用者收费来收回成本，就会导致公共服务的供给不足。因而，公共服务首先具有公共产品的特征。公共服务基于公平性的考虑，其内涵比公共产品广泛。公共服务是在社会福利最大化意义上的公共产品，隐含着价值观的判断，即什么东西应该由政府提供，如公共体育服务消费具有竞争性的特点。从服务型政府建设的要求来看，政府应当提供或部分提供体育服务；提供什么公共体育服务，如何提供公共服务，是政府履行公共服务职能需要解决的基本问题（许丽英，2007）。政府在提供公共服务领域必然要发挥主导、主角作用，但主导、主角作用并不意味着生产，而是领导其他主体进行生产、供给。

二、政府职能决定了政府应该提供公共体育服务

亚当·斯密在《国富论》中提到政府的作用：第一，保护社会建立国防；第二，设立司法机关；第三，建立并维持某些公共事业及公共设施。约翰·斯图亚特·穆勒对为什么必须由政府提供某些服务做了进一步的论证（邓大才，2002），以灯塔的例子说明了对于收费困难的物品或服务由政府提供的必然性。上文对公共服务特征的分析证明政府供给或直接生产公共产品是不可避免的。从另一个方面来说，政府职能是国家职能的延续，核心是提供公共产品，政府一般生产的是具有高度风险的产品。这些产品有一个共同特点就是市场的回报小，因此营利性组织不愿生产，这就造成要以政府生产来弥补市场生产的缺憾，那么只能由也必须由政府负责提供和管理（李嵘，2006）。当前我国政府正向服务型政府迈进，服务型政府就是为全社会提供公共产品和服务，把钱真正用到惠及千百万老百姓的日常生活，以及使人民安居乐业、心情舒畅、生活幸福的事业上来，政府必须下决心把钱投到改善人民群众生活质量、关心公共服务等方面（沈克印，2017；赵淑华和刘志国，2016）。以公共体育服务最为典型，它为全社会所需要，可以通过市场供给生产，具有外部性，但要保持公共体育的公平性及有效供给（谢正阳和汤际澜，2014；樊炳有，2009b；任春香和李红卫，2011），政府必须介入；这里应强调提供与供给的区别，提供是指政府出资，而供给则是指生产，在形成公共体育服务供给的开始，政府兼生产与提供任务于一身。因为公共体育服务如果选择市场或者第三方组织生产，这些生产组织的原动

力就会成为不可避免的问题，因此从推动市场或者第三方组织的角度，政府应该建立一部分公共体育服务的供给组织，如公益性的体育俱乐部，目前文献研究的一个空白就是只研究公益性体育俱乐部的现状与发展，对公益性体育俱乐部的来源一直缺少研究，本书中特此指出，公益性体育俱乐部肩负公共服务产品的生产。政府是可以通过出资建立一批公益性体育俱乐部的，目前社区体育俱乐部与青少年体育俱乐部的建设过程中，政府就扮演着这个角色（李嵘，2006；赵克等，2004）。

三、社区公共体育服务现状决定了政府应该提供公共体育服务

20 世纪 90 年代末的我国进行了事业单位改革，实施政事分开、管办分离，在此背景下国家体育事业单位的改革派生出许多中心，如社会体育指导中心、人力资源管理中心等。这些中心意在生产公共产品——强化办体育事业，即公共体育服务供给，如社会体育指导中心就是和群众体育司挂钩，这两个部分意在政事分开、管办分离，社会体育指导中心肩负办群众体育任务，就是说生产群众体育服务产品。改革这么多年，从国家体育总局社会体育指导中心的网站及社会体育指导中心履行的任务中难见公共体育服务供给的身影。社会体育指导中心基本在人们的心中形成了办群众体育有偿培训的代名词。青少年体育俱乐部是群众体育司在 2000 年左右开始负责创建的，如今国家体育总局为更好地发展青少年体育，专门成立了青少年体育司（王梦阳，2013；王凯珍，2004），这个司目前还没有与其对应的中心，青少年体育中心至今还没有正式成立，其公共体育服务生产的任务基本上是缺位的。公共体育服务供给的缺位造就了当前存在的问题，国家体育总局群众体育司仍旧为社会体育指导中心的公共体育服务埋单——提供兼生产，当初的事业单位改革不彻底，这种不彻底直接造成城市社区公共体育服务缺位。这种缺位应该由谁来埋单，这个问题又会涉及前面提及的话题，就是这个应该由政府解决，在此不再赘述。另外，只有政府部门提供公共体育服务（Chen，2006），如果政府不参与供给，那么市场的培育应该由谁来承担？毫无疑问，也应由政府来做。如何做，这在后面的小节中会详细谈论到。

四、城市社区公共体育服务供给目标决定政府应该提供公共体育服务

2010 年《政府工作报告》中指出：“大力发展公共体育事业，广泛开展全民健身运动，提高人民的身体素质。”2011 年《政府工作报告》中指出：“大力发展体育事业”，“大力开展全民健身活动，促进群众体育和竞技体育协调发展”。“公共体育事业”的提法第一次在政府工作报告中出现，进一步

表明了政府关注民生、关心公共体育服务、积极适应人民群众对生活质量的新追求，这是科学发展观在政府职能工作中的生动体现，也对当前公共体育服务提出了新要求，更是新形势下城市公共体育服务发展的目标（李文涛，2001；Chen，2004）。

《在北京奥运会、残奥会总结表彰大会上的讲话》提出“由体育大国向体育强国迈进”“为人民提供更多更好的体育公共服务”①。体育大国向体育强国迈进，毫无疑问在继续发展竞技体育的同时，群众体育将会是一个有力的着力点。应进一步加强各级政府的体育公共服务职能，政府向人民群众提供体育公共服务的职能尚未充分发挥；在这个过程中政府将扮演相当重要的角色。这个作用又关联着另外一个政府工作，即落实科学发展观，科学发展观的核心是以人为本，它是科学发展观的出发点与落脚点，以人为本也就是以人的价值为核心和社会根本，把人的生存和发展作为最高的价值目标，一切为了人，一切服务于人。发展归根结底都要着眼于人，着眼于对人民日益增长的物质和精神的以及自身发展需要的满足。因此，公共体育服务的提供与供给更是在推动体育大国向体育强国迈进过程中对科学发展观的巨大升华。这个升华唯有党和政府才能实现。提供公共体育服务将是惠及全社会、全民健康幸福的重要任务，它的实现又对构建和谐社会具有巨大的推动作用。党和政府厥功至伟，也只有政府有能力、有条件实现这一历史性任务（胡茵，2009；杜志娟，2006）。

五、科学保障要求政府提供公共体育服务的基础

城市社区公共体育服务是维护人的尊严和促进社会合作的基础性公共品，因此需要政府来提供这种保障。和谐社会要求所有公民在公共体育服务面前所享有的权利应当是均等的、无差别的。社会保障是依据一定的法律和规定，为保证城市居民的基本生活权利而提供的资助和补贴，它的主体是政府，它代表国家参与社会国民收入的再分配，形成社会保障基金，为社会提供物质基础。社会保障在于保障全体人民的基本生活需要，是维护社会公平和公正的一种制度安排，科学的保障制度应覆盖全体社会成员，保障其享有最基本的体育权利（谢正阳和汤际澜，2014；魏来，2007；高建磊，2009）。公共体育服务基本责任就是保障个人基本生活和发展权利所必不可少的公共体育服务。一个人如果缺少了这部分公共服务，其在既定社会条件下维持生存和发展的基本条件就无法保证。完善的

① http://www.gov.cn/ldhd/2008-09/29/content_1109754.htm。

社会保障体系可以在一定程度上缓解转轨经济条件下社区居民间社会分配不公、利益分化过于悬殊的问题，起到社会平衡的作用。同时为那些无力参与竞争或失去竞争能力的社区居民，以及那些基本生活暂时出现困难的人提供必要保障，以消除这部分社区居民的不安全感。起到社会“稳定器”和“调节器”的作用，以推动和谐社区的构建。现今我国城市社区公共体育服务保障机制的关键就是加强政府在公共体育服务供给过程中的主导地位。明确政府的主导地位，政府就会牢牢掌握公共体育服务供给的主动权。此外，政府在提供公共体育服务的基础上，才能做好对公共体育服务供给的宏观调控，否则宏观调控无从谈起。因此，科学保障公共体育服务的前提是由政府部门来提供公共体育服务。

第二节　城市社区公共体育服务体系的目标

目标是个人、部门或整个组织所期望的成果。目标决定事物的发展方向。共享的目标决定了共享的发展方向，故应以政府的角度、社会的角度来确定，那么目标应是政府所期望的——充分利用学校、社区体育场地设施资源；以推动全社会体育发展为目的，推动群众体育发展；推动群众体育与学校体育建设发展；搭建衔接群众体育与学校体育发展的桥梁。

一、构建城市社区公共体育服务体系目标之一——推动城市社区体育发展

体育场地设施紧缺是困扰我国城市社区公共体育服务体系发展的主要问题。随着我国社会转型的逐步深入，该问题渐渐暴露出来，尤其是随着单位制在我国对人们日常生活及工作的影响慢慢削弱后，以及社区成为人们生活、居住的主要环境后，各项设施资源不足制约着社区的发展，体育场地设施资源匮乏也不例外。从社区的类型来看，城市中的传统社区和边缘社区体育场地设施匮乏比较明显。经济效益好的单位社区体育场地设施资源要好于前者，目前条件最好的应该属于新型综合社区。因为国家对这些新型综合社区的体育场地设施建设提出了明确要求，尤其从体育场地设施建设与用地等几个方面提出要求。但是从目前来看，在建设这些社区的过程中，从体育场地设施用地到体育场地设施种类，开发商想方设法不断使其缩水，造成原来设计中的体育场地设施很多实现不了。从某种角度来说，城市社区体育场地设施整体处于一个匮乏的阶段。各级政府在不断增

加体育场地建设投入的基础上，制定相关法规，采取各种措施促进公共场馆向社会开放，但是在人口稠密的大中城市，人均体育活动场地面积仍旧很小。国务院46号文件《关于加快发展体育产业促进体育消费的意见》出台后，经营性体育场馆不断增加，但相对于居民较低的体育消费水平，收费较高的各种体育健身场地服务使社区居民望而却步。人们到高消费体育场馆健身的次数有限，收费低廉的公益性体育场地很少。新的社区公共体育服务体系不仅为社区居民体育健身提供价廉质优的体育场地服务，满足城市社区居民的需求，更重要的是推动了全民健身活动的发展（骆雷等，2006；王学彬和郑家鲲，2017）。构建城市社区公共体育服务体系，将处于闲置时段的学校体育场地设施供社区使用，这样一来可以吸引更多的社区居民加入锻炼队伍中来，扩大社区体育的传播面，吸纳更多社区以外的人们走入学校进行体育锻炼。它可以有效解决社区体育场地设施资源不足的问题（刁在箴等，2002），是推动社区体育发展的一个重要途径。对于城市中的传统社区、单位社区与边缘社区来说，服务体系的建立在短时间内能很大程度上缓解体育场地设施不足的问题，扩大社区体育的影响力，加深人们对学校体育的认识。新型社区公共体育服务体系的发展会对各类型社区产生巨大的积极影响，这些积极影响会推动我国城市社区体育高速发展。

二、构建城市社区公共体育服务体系目标之二——推动学校体育发展

几十年以来，我国学校体育在固有的模式下形成自身特有的发展模式。首先，学校体育与群众体育脱离，相互联系极少，学生离开学校，课外体育锻炼受到一定的影响。学校体育难以对全民健身活动、社区体育的发展起到一定的促进作用，同时造成学生自身在研习体育课程时难以培养连贯终身的体育锻炼习惯。构建社区公共体育服务体系将会改变学校体育的封闭性，在此带动下学校体育与周边区域的社区体育形成有机的联系，有利于形成学生终身体育观，对于学校体育课程设置、培养都会有非常大的改变（Crompton，2004）。其次，我国基础教育由政府统办统管，学校体育是政府的事情和体育部门的责任，学校几乎不与学校周边的组织发生联系，学校体育仅限于学校围墙内的体育教学。由于政府财力有限，加之我国人口众多、基础教育规模大，政府办体育处于一种包不了、管不了的局面，致使体育教育经费短缺、体育场地设施不足的状况无力扭转。通过共享，社会力量大规模参与体育，社区群众积极捐资助学、集资建校，弥补了教育经费的不足。再次，通过构建服务体系，社区可以为学校体育提供价值基础。整个社区都具有教育的作用，有助于学校实施教育方针、端正教育观念。最后，通过构建社区公共体

育服务体系可以为学校体育提供教学资源。从前文数据分析中可以发现，目前学校体育场地设施资源处于非常紧缺的状态，如山东济南在全部学校产权建筑面积三百多万平方米中，体育场地设施只占三万七千平方米左右，仅为百分之一（任海等，2001；苗大培等，2007）。在很多地方利用现成的体育资源，如社区已有的体育场地设施，可以节约学校体育经费（韩会君，2006；刘艳丽，2008）。

三、构建城市社区公共体育服务体系目标之三——最大效率利用体育场地设施资源

我国城市社区与学校都存在着缺少体育场地设施的情况。对城市社区来说，要改变这种情况，有效途径是利用社区附近的中、小学校的体育场地设施开展体育活动。从第六次全国体育场地普查来看，学校体育场地设施占到了 67.7%（易丹辉，2008）。目前学校与社区虽然体育场地设施紧缺，但是紧缺中也存在使用时间上的部分闲置，造成体育场地设施资源在时间段上的浪费。拥有体育场地设施的新型综合社区越来越多，设施与学校体育场地设施一样也处于部分工作状态（唐建军等，2004；Piggin，2010），在人们正常工作时间处于闲置状态，而学校在这个时段的体育场地设施处于完全工作状态。现有的体育场地设施不能完全满足本校学生开展体育教学以及课余体育活动，故通过共享将社区闲置的体育场地设施与学校共享，缓解学校体育场地设施不足，保障学校正常的体育教学，这有积极的作用。最后，就学校与社区体育场地设施的使用特点来说，这两者闲时的体育场地设施通过构建共享提高其利用率，进而加速学校、社区体育场地设施的更新。很多学校、社区中的体育场地设施陈旧，一方面由于经费问题，另一方面是设施闲置故而使用频率低下造成的。通过构建城市社区公共体育服务体系，将最大效率利用学校、城市社区体育场地设施，解决学校、社区缺乏体育场地设施的问题（苗大培等，2007）。表 7-1 列出了不同类型中学的场馆面积，可见相比社区体育场地，学校体育场馆的面积还是比较充足的。

表 7-1　我国城市学校体育场馆面积

项目	城市普通高中	城市普通初中	城市小学
体育运动场馆面积/米^2	72 125 915	47 403 438	68 027 998

资料来源：2014 年《第六次全国体育场地普查数据公报》

第三节 我国城市社区公共体育服务体系的制度变迁分析

诺思认为制度变迁就是一个效率更高的制度对一种相对低效率制度的替代过程和交换过程，所以社区公共体育服务体系的制度变迁也是对旧有相对低效率制度的替代过程和交换过程（邓大才，2002）。在立宪层次上，主要是形成对经济体制转型的一般性认识及重大的战略决策方针和进行宪法性法律的创制；在集体行动层次上，主要是实现上述战略决策的基本规则及政策措施；在操作层次上，主要是实施经济体制转型的具体制度创新等活动（邓大才，2002；汤铭潭，2005）。本节从立宪层次、集体行动层次和操作层次上结合宏观层面分析从制度变迁向制度创新的过渡（孙伯强，2004）。进行制度分析是为了加快政府城市体育场地设施供给与共享的制度创新，解决社区公共体育服务体系构建制度匮乏的问题（李文涛，2001）。如前所述，从制度变迁的主体和诱因来看，制度创新方式分为强制性制度变迁和需求诱致性制度变迁。构建体系的制度变迁也分为诱致性制度变迁与强制性制度变迁。下面针对这两种体系模式的制度变迁方式进行阐述，如图 7-1 所示。

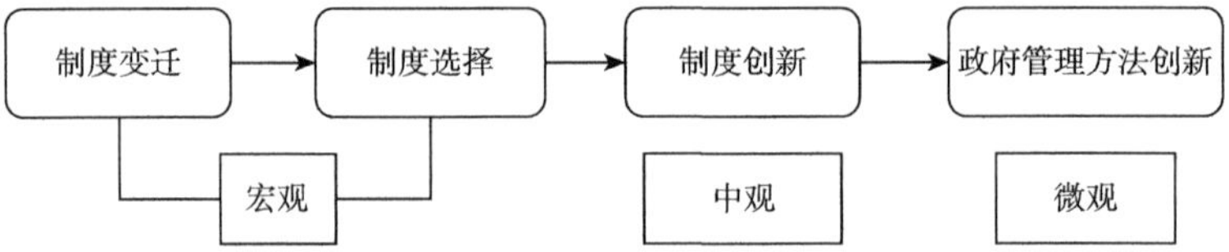

图 7-1 我国城市社区公共体育服务体系的制度构建

一、城市社区公共体育服务体系构建的诱致性制度变迁

诱致性制度变迁理论强调现实中改革主体来自基层，程序为自下而上，在改革的顺序上，先易后难，改革的路径是渐进的。优点是，具有坚实的组织保障机制，具有自动的稳定功能，共享震动效应在预期内，具有内在的优化演进机制和广泛的决策修正机制，可以降低决策失误率。激励机制持久起作用，保证源源不断的改革动力。诱致性制度变迁是来自地方政府和微观主体对潜在利益的追求，这里的潜在利益的追求是地方政府对本地居民的体育锻炼的一种政府性关怀。全国各省的调研结果印证了理论的推论。兰州市、长沙市、哈尔滨市和武汉市基本上都是中央发布文件前就已经陆陆续续实行学校对外开放，这种开放看似学校在非教学时间中对学校体育场地设施管理不严格，学校管理层面默认对外开放，从对学校领导的访谈来看，其非常愿

意为附近的居民提供体育场地设施。诱致性制度变迁也有缺陷，体育场地设施在系统与系统之间的改革难以彻底，核心的体育场地设施资源配给制度难以突破，如条块分割的体育场地设施供给难以改变。因此，制度的根基难以突破，就造成诱致性制度变迁只是局部的、不彻底的。诱致性制度变迁难以形成制度性的规章，就很难保证服务体系的长期性与持久性。诱致性制度变迁造成强制性制度供给长期滞后，体育场地设施供给制度需求缺口大；改革时间较长，改革成本较大，且有向后累积的趋势；改革主体可能会出现逐步位移。虽然从局部改变了体育场地设施供给的问题，但是会掩盖学校或者城市社区体育场地设施供给紧缺的问题。诱致性制度变迁对于构建服务体系的借鉴意义是，先在全国范围内选取一部分有特色的地方做试点然后推广，政府领导下的组织改革与供给制度创新和从外围向核心突破相结合（马斌和王莹，2003）。

二、城市社区公共体育服务体系构建的强制性制度变迁

强制性制度变迁是以政府为主体的一种制度变迁形式，它可以使共享规则更清晰，在节约人们信息成本的同时，促使城市社区与学校共享变得更可信赖。强制性变迁使制度正式化，并附上针对违规行为的正式惩罚措施（以强化制度）；利用强制力推进制度变迁可以解决诱致性变迁下的外部效果，并避免由制度供给不足导致的公地悲剧式的资源浪费；政府在制度产品供给方面具有一定的自然垄断优势，因而利用强制性变迁可能以比竞争性组织低得多的成本提供发展所需的制度性服务（李文涛，2001；马斌和王莹，2003）。随着社会制度的不断完善，学校对外开放需要更进一步地发展——与社区共享。通过前期的调研发现：很多以前开放的学校现在关上了大门不再对外开放。对前文问卷研究的数据进行仔细分析后发现这是多方面的原因造成的：学校领导的认识问题，资源耗损问题，学校、社区的安全问题等。针对这些问题需要形成核心的体育场地设施资源配给制度，改革旧有的制度，必须借助以中央政府为主体的强制性制度变迁（马西恒，2006），它较容易形成自上而下的推动建立共享的制度，从根基建立共享，不再是局部的共享，而是全局范围、彻底的共享。

三、城市社区公共体育服务体系构建的制度变迁的路径分析

诱致性制度变迁必须由某种在原有制度安排下无法得到的获利机会所引起。强制性制度变迁则不需要，只要政府预期收益高过费用时，政府就愿意进行制度变迁，但由于受到多种因素的影响，如意识形态刚性、集团利益

冲突以及社会科学知识的局限性等，政府又不一定能够建立起最有效的制度安排。因此，两种制度变迁方式应并存互补（孙伯强，2004；马斌和王莹，2003；马西恒，2006）。虽然两种制度变迁都可以解释城市社区与学校共享的构建，但是仅仅用这两种制度变迁方式来解释体育场地设施共享变迁的现实路径是不够的，需要两种制度变迁方式相结合来构建共享（苗大培等，2004）。

（一）城市社区公共体育服务体系的制度变迁的路径比较

强制性制度变迁是由纯粹的政府行为促成的，其存在的基础是广泛和直接的政府干预。政府在制度变迁过程中会逐步减少控制，把更多权力归还社会，激活个人和团体制度创新的积极性和创造力，形成多元主体的制度创新和供给体系，而不仅仅是纯粹的政府行为。这主要是指宏观制度创新主体（政府）与微观制度创新主体（社区、教育部门）之间形成协调合作机制。各主体间相互配合，实现制度变迁强制性与诱致性的有机结合，从而达到预期的制度目标。事实上，诱致性制度变迁方式和强制性制度变迁方式都具有各自的比较优势，它们是一种互补关系而不是一种替代关系（汤铭潭，2005）。诱致性制度变迁有着天然的优势，能够弥补强制性制度变迁的不足。诱致性制度变迁具有自发性和营利性等特点，它是一个自下而上、从局部到整体的制度变迁过程，能够通过各个击破而最大限度地绕开改革的约束条件（阻力最小化原则），因势利导，达到一种成本最小的由局部均衡到整体均衡的改革战略选择，这对于处于经济转型时期并且地区差别较大的中国来说，将具有极大的适应性效率，也将是一个长期且广泛的制度变迁的路径选择。

（二）城市社区公共体育服务体系的制度路径解析

根据我国城市社区公共体育服务的现状，制度变迁应选择强制性制度变迁方式+渐进诱致方式的模式，简称渐进式强制性制度变迁组合模式。这种制度变迁的组合模式是指在一段较长的制度体系变革中，从整体上来讲，占主导地位的制度变迁方式是以政府为主的强制性制度变迁。从政府层面开始强制性推动教育系统与体育系统之间的资源共享，打破系统之间资源流动的界限（苗大培等，2004）。变迁同时有渐进的因素：一是在单一制度的变迁轨迹上又具有一定的渐进性质，根据地域选择地点，逐步试点共享，逐步推进；二是在构筑共享的核心制度和配套制度安排上有先有后，根据不同的地域如东部、西部、中部，在核心配套制度基础上建设相应地域特色的配套制度来保障共享建立；三是注意交替使用强制性制度供给满足制度累增的需要，尤其从操作层面看制度缺乏执行力的地区更应加强强制性变迁供给（苗大培等，2007）。它的不足：一是由于强制性制度作用的时间比较长，需要坚持长久不变地推行共享，在短时间内共享的效果难以显现；二是由于是渐进的强制性制度变迁，可能会出现制度变迁的强度不够的现象，特别是在一些历来对政策贯彻力度不强的地方会遇到很多问题，需要补充变迁的强度；三是制度的内生诱导仍然不够，推行共享在很多组织与系统之间很难看出共享的优点（刁在箴等，2002）。因此需要加强共享优势的宣传，在组织、系统之间形成一种共同积极的共享认识。在这种制度变迁模式下关键要处理好两个问题，一方面是保证制度变迁的强度，另一方面是要及时根据制度需求的累积情况，安排好强制性供给的时机。

（三）城市社区公共体育服务体系构建制度变迁方式与路径

强制性变迁是通过政策法令实施的，它是以政府为制度变迁的主体，程序是自上而下的激进性质的存量改革。在制度变迁的方式上，选择以强制性的制度为主的变迁方式，共享体育场地设施的城市推行强制性变迁以巩固开放的成果，从而形成一种稳定的制度；在没有共享的地方，诱致性的制度变迁引导组织与组织间共享的需求，进而走强制性制度变迁的道路，强化立宪层面的制度变迁，及时完善集体行动层次的政策措施，在操作层面加大实施力度。全国范围内，经济发达地区的诱致性制度变迁向经济欠发达地区的强制性制度变迁过渡，因为对于经济发达地区来说，巨大的社会需求会引起组织之间对利益的追求进而引起共享。例如，属于经济发达地区的广州，追求经济利益的自发性的组织之间的体育场地设施共享会引起更多组织的效仿，诱致性的制度变迁更多是在操作性层面。需要强调的是要及时转换制度变迁方式的组合，制度变迁的组合要根据制度变迁的要求及时地调整，还要因地制宜，因此及时转换制度变迁方式的组合模式尤其重要。制度变迁最终过渡到社区居民、各个主体参与，改变高度集中依赖政府的制度变迁的路径，最终走向诱致性制度变迁，使社区公共体育服务体系更好地满足社区居民的需求。

制度变迁的路径分为制度模仿、制度创新、制度移植，在不同经济发达地区采取不同的路径，在社区公共体育服务体系不发达的地区可以采取制度模仿、移植，从发达地区模仿、移植，在此基础上进行创新；发达地区可以进行制度创新。在制度变迁的路径选择上，以政府为主导社区公共体育服务供给制度逐步向以社区体育俱乐部为主的多元主体转变，既要保证预期目标制度顺利安排出台，又要将变迁成本控制在最小的范围内。激活社区、街道的服务功能向下级社区体育俱乐部放权、向社区居民分权，调动社会力量实施合作共治的制度变迁路径；使得社会力量发挥社区、街道与社区体育俱乐部的服务功能，让社会体育俱乐部成为城市管理体制运行的新载体，成为制度变迁路径选择之一。在变迁中既定方向会在以后的发展中得到自我强化，进而调动整合街道社区内部丰富的场地设施条件、体育资源，培育、发展自发性的全民健身组织和民间体育草根组织，促进社区体育俱乐部发展壮大，丰富其公共体育服务的供给服务，实现社区公共体育服务的“善治”。

第四节　城市社区公共体育服务体系构建的制度创新分析

制度创新是对旧制度的一种扬弃，涉及制度的调整、更新和完善，是一种效率更高的制度的取代过程，体现了制度与环境之间相互关系的变化，是指一种效率更高的新制度取代了原有制度，从而使全新的利益分配方式和机制最终形成。社区公共体育服务体系的制度创新就是持续解决体系的问题，在效率、效果的指导下建立新的城市社区公共体育服务管理制度，保障所有社会公众所需服务的公正供给。制度创新与制度变迁的主要区别在于制度创新提供制度变迁所不能解决的制度供给问题，是在变迁中由制度创新来提供旧有制度的改进，或者新制度的科学合理构建；制度变迁强调制度变化的方式及方向，并不解决制度多寡的问题，因此变迁中制度出现缺乏、不足，必须依靠制度创新解决（邓丽星，2008）。

一、城市社区公共体育服务体系构建的制度创新的层次分析

我国城市社区与学校体育、社区俱乐部与社区街道管理部门共享、协同治理制度变迁的最大挑战来自有效制度供给不足，而制度创新又是应付这一挑战的最有力手段。共享的政府管理制度创新中中央政府主要在立宪层次从事共享的制度创新活动，这能够在法定范围内，引导地方政府和城市社区与学校主体在集体行动层次和操作层次的制度创新活动（苗大培等，2004）。强制性制度变迁中中央政府不但从事立宪层次的创新活动，而且直接干预集体行动层次和操作层次的制度创新活动，甚至取代地方政府和城市社区与学校主体的制度创新主体地位。诱致性制度变迁中中央政府根据集体行动层次和操作层次的创新活动配合辅助集体行动层次和操作层次的制度创新活动，

地方政府和城市社区与学校主体的制度创新应是诱致性制度创新。在立宪层次，中央政府需要针对制度变迁中制度供给的匮乏，尽快出台加强管理体制条块联合、资源横向流动的全国性法规。对现有政策法规进行整合，实施对于有法不依、执法不严的惩治的立宪层次的制度创新；在集体行动层次进行制度创新要在立宪层次所设定的选择集里。由于构建动态性，立宪层次与集体行动层次的界限具有一定的弹性。这为地方政府创造性地扩大制度创新选择集提供了条件，致使地方政府往往从本地区的利益出发（孙伯强，2004）。通过各种正式或非正式的制度加快本地体育场地设施共享的构建，以获得制度创新的优先权；在操作层次上，中央政府和地方政府要在立宪层次和集体行动层次上进行根据地域以经济实力为导向的制度创新，为微观主体在操作层次上进行制度创新确定边界，创造良好的制度环境，从而实现由供给强制性制度变迁向需求诱致性制度变迁过渡。

二、我国城市社区公共体育服务体系构建的制度创新的核心

制度创新不是孤立的，一项制度安排的效率不是独立于其他制度安排之外动作的结果，而是制度结构整合的结果。每项制度安排都必定联结着其他制度安排，共同融合在制度结构之中，其效率还取决于其他制度安排及实现制度的完善程度。一旦制度开始变迁，就会以一种自动强制实施的方式发生变迁，旧的信念和制度在变化，新的信念和制度彼此之间，以及新的信念和制度与相同方向上的未来变迁之间都逐渐变得调和一致。这就要求在制度创新过程中，必须抓住核心制度这个关键，核心制度一旦确立，就成了配套制度变迁的制度环境。制度创新必须优先解决共享最为紧迫的问题。具体地说，就要首先推进政府条块分割的体制改革与体育场地设施资源配给制度改革，因为它是整个制度结构中的核心制度。核心制度确定后，制度创新的侧重点就应该是配套制度，诸如公共设施改革的法制建设、政府体育场地设施共享管理条例、产权管理法规建设、共享的法制、共享利益划归管理办法等。制度创新受诸多因素影响，成本高昂，借鉴其他国家制度变迁的经验教训推动本国制度变迁，可以降低制度变迁的费用，加速制度变迁的进程。西方国家在实施城市公共体育服务体系构建方面有着大量的经验和教训，这对我国进行制度选择与创新来说是一笔巨大的财富。制度不仅是选择的，而且是内生的，制度的选择与借鉴必须立足于本国国情，不能超越国情与社会的承受能力而全盘西化，要在借鉴中实施自创式的制度创新，做到二者的兼顾（苗大培等，2004）。

三、我国城市社区公共体育服务体系构建的制度创新的重点

制度创新不仅仅是针对正式制度而言，更重要的还应包括非正式制度。非正式制度是包含价值观念、意识形态、伦理规范、文化传统、风俗习惯等在内的一系列被该社会成员认同的基本价值。创新被置于高度优先的地位之上，是一定社会正式制度的精神支柱，具有强大的生命力与影响力。新制度经济学指出，意识形态等非正式制度是外在正式制度的基础，正式制度的有效性在很大程度上取决于内在演化出来的习惯、道德和意识形态的互补，正式制度只有在与非正式制度相容的情况下才能发挥作用。制度创新如果得到非正式制度的支持，就可以很容易地获得其自身的权威与新制度的合法性，这既可以降低制度的创新成本，又可降低制度的实施成本（李文涛，2001）。同时，正式制度的完善受到非正式制度的制约，当正式制度与非正式制度出现矛盾冲突或不相容时，正式制度就难以建立起来，勉强建立也不能真正贯彻、实施，很多正式制度的移植失败，就是这个原因。例如，前文使用 SEM 对影响我国学校体育场地设施与城市社区共享的因素调查发现，人们的观念成为影响共享的因素之一。众所周知，观念属于非制度的范畴，而观念影响了共享，在整个影响因素中，人们的观念起到了一定的阻碍作用。因此，在构建城市社区与学校体育场地设施共享的制度变迁进程中，不能把制度变迁或创新仅仅看为正式、有法律条文的制度变迁与创新，还应当重视包括理想信念、基本价值在内的非正式制度建设，尤其是要发挥主导意识形态在制度创新中的不可或缺的作用，积极培育有利于共享的意识形态，减小制度变迁成本。事实上，要实现这种正式制度创新与非正式制度创新的有机结合，也就必须要发挥制度变迁方式强制性与诱致性的整体功能，走强制性制度变迁方式+渐进诱致方式的模式的道路。

第五节　城市社区公共体育服务体系构建中的制度创新

构建城市社区公共体育服务体系必须在原有的制度基础上为共享、协同治理进行制度创新，增加二者在制度上着陆的基点，城市社区公共体育服务体系构建中的制度创新应从下面几个方面进行。

一、制度创新下的公共体育服务体系的运作管理平台

首先根据目标的需要，选择社区、学校体育场地设施共享的运作管理平

台。借鉴国内外成功社区治理模式，构建以共享为基础的社区公共体育服务体系。上海的两级政府、三级管理的城市管理体制本身就要求将社区定位于街道，并以此为平台，构建一种社区行政管理系统。沈阳模式是：①将单位纳入社区，使社区有相对完整的管辖面积，成为完整的治理单位；②率先提出要转变政府职能，使社区真正享有自治的权力；③在社区设立专业组织，使得社区组织架构更进一步趋于完善。城市社区与学校共享的运作平台选择在社区，融合上海模式与沈阳模式的优点，必须以政府为主导，运作管理平台以行政力量为先导，逐步扩大社区的管理权限（Piggin，2010）。将学校纳入社区的管理范围内，将学校定位于社区，由社区统一管理，将学校、社区内的资源做到统一规划；分级管理；打破条块分割，实施条块结合，以块为主，强调块块之间的横向联系，促使资源在原有链条间流动的基础上，在块块之间提高流动频率。由社区对辖区内的公共体育场地设施共享、协同工作全面负责。把社区与学校的关系界定为共驻共建、资源共享，使社区组织与学校共同管好社区公益事务。

二、制度创新下的社区公共体育场地设施资源整合管理网络

共享、协同治理不单单是学校与社区之间公共体育设施资源流通的治理，更是在社区范围内整合多个组织并形成共享体系，理顺社区与学校、卫生健康委员会、市场监督管理局、发展和改革委员会等多个部门的关系，明确在社区公共体育服务体系管理下的学校、教育部门及卫生、公安部门配合模式，形成以共享、协同治理为核心的社区内多部门配合社区公共体育服务的管理网络，共建公共服务体系，这里制度创新既是新制度的供给又是组织构建的创新，从立宪层面来讲，强化对这些新制度的立宪；从集体层面来讲，强调政策实施；从操作层面来讲，加大实施力度。尤其是在制度推行不力的地区，一定要实施强制性制度变迁，这样才能保障制度创新的顺利实施。此外，在社区公共体育服务体系管理委员会的管理层面，融合多个部门的负责人组成的社区公共体育服务体系管理委员会，以便加强对其他部门工作的协调力度，这里的社区公共体育服务体系管理委员会只是一个雏形，它将是未来社区与学校共享教育，建立社区教育的基础性发展模式。在形成共享后在大社区范围内既拥有学校体育场地设施，也拥有社区体育场地设施，这时的共享就是一方面学校对社区开放体育场地设施，另一方面社区也对学校开放体育场地设施，城市中学校与社区双向共享将是提高设施利用率的一个有效途径，同时也意味着整合社区内资源。因此，立足社区与学校双向共享必须整合社区范围内的体育场地设施资源，做到针对社区、学校对体育场地设施

使用的特点分时段地共享。

三、制度创新下的城市社区公共体育服务体系的组织建构

（一）城市社区公共体育服务体系组织建构的宗旨

组织建构的宗旨：打破政府管理体制中的条块分割、各自为政，最大限度地提升社区、学校体育场地设施的优化与共享，建立以社区为中心的多部门配合、协调的管理模式。这个建构的宗旨立足于微观层面，但是需要制度创新配合、解决在组织构建中一些政策真空的地方，如搭建新的组织构架来实施共享。参照美国公园与休闲委员会模式与日本学校体育场地开放管理模式，以及我国目前的国情，应该加强政府机构的管理和参与，建立符合我国特点的社区公共体育服务体系的管理机构。组建市政府领导下的社区公共体育服务体系管理委员会，管辖、协调社区内的体育活动。组织中一定将派出所、卫生健康委员会、市场监督管理局、发展和改革委员会、城市管理等部门纳入组织架构中。

（二）城市社区公共体育服务体系的管理架构

组织管理架构首先应是在政府主导推动下实施，管理组织当前必须以政府角色来推动社区公共体育服务体系管理委员会的构建，组织应是政府机构在基层社区体育的实施者。根据罗宾斯的经典组织管理架构——核心体系、职能体系、执行体系，共享组织管理架构中应有以下部门。核心体系包括社区当地教育管理部门——教育局，体育管理部门——体育局，街道、社区政府管理组织——民政局、财政局；职能体系是指这些部门发挥本部门的专业化职能实施共享、协同治理，这些部门包括公安局、卫生健康委员会、市场监督管理局、发展和改革委员会、税务局、文化部门。执行体系（执行层）由街道、社区管理部门，学校和体育部门组成社区公共体育服务体系管理委员会，委员会中由所在区的政府领导人任主任，直接领导委员会，对日常共享事务负责，学校等其他部门领导人任副主任。整个委员会不支付工资，全部由所在原单位支付，所做工作写入其年终考核，由上级部门审核。委员会下设业务委员会，业务委员会对社区内的共享、协同治理进行指导，由所在学校的体育教师及社会体育指导员组成。这样一来，用学校体育教师缓解社会体育指导员紧缺的问题，体育教师是社区成员的一部分，其工作性质和工作特点决定了他们不仅具有丰富的体育理论知识和实践经验，还具有开展体育竞赛、组织体育活动的丰富经验和能力。因此，必须充分发挥学校体育教师的指导和管理才能（苗大培等，2004）。

任何健全的组织必须拥有监督机构，社区公共体育服务体系委员会的监督机构由社区居民构成，社区居民根据共享所提供的服务进行评估，监督机构只对委员会的上级管理机构——当地政府负责，委员会的负责人由所在社区居民与学校职工推选，如图 7-2 所示。

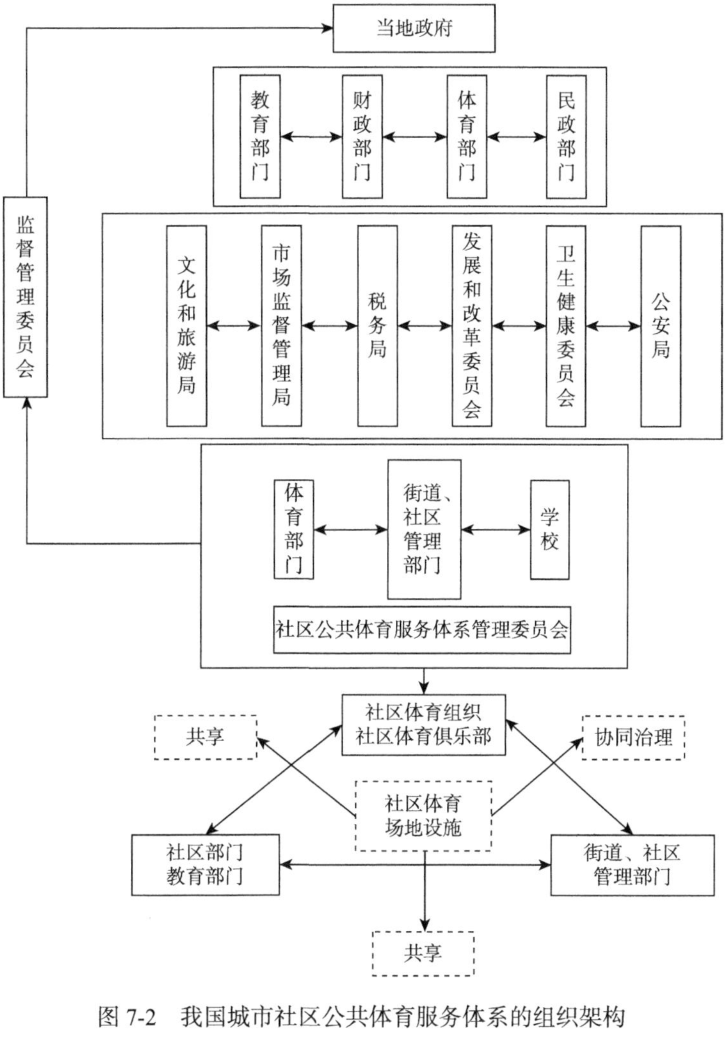

图 7-2　我国城市社区公共体育服务体系的组织架构

（三）社区公共体育服务体系管理委员会中的职责划分

在上文对城市社区公共体育服务体系的组织架构进行分析的基础上，再来对其中的职责进行划分。在职责划分时，应在部门的行政职能的基础上增加针对性共享管理性工作，尤其是增强部门之间的横向联系。从共享组织中的核心体系的教育部门来说，教育部门对社区管辖范围内的学校制定具体的共享章程，为学校开放创造条件，及时补充、完善学校体育场地设施，并对社区公共体育服务体系管理委员会中的学校开放提出指导意见，同时整合社区内学校体育场地设施的资源，将体育场地设施资源上报委员会，由委员会整合后公布出来供社区共享。民政部门是社区、街道的上级管理部门，可将对学校共享的社区体育场地设施相关信息公布给学校，还可以及时协调社区与学校的关系。例如，天津市河西区天津实验中学附近的众多学校中的体育场地设施种类不一样，有的学校网球场不错，有的学校田径场不错，教育部门应将这些学校的体育场地设施资源整合，根据社区中人们不同的体育锻炼需求开放。体育部门的职责是为社区体育场地设施对学校共享创造条件，制定社区开放的章程，补充社区的体育场地设施，并规划区内学校与社区的体育场地设施种类，对体育场地设施的安全性进行管理。

财政部门是管理共享经费的部门，依据共享管理的章程，对各个部门划拨共享管理的经费，并对共享工作开展得非常优秀的部门进行奖励。街道、社区管理部门的主要职责是加强教育部门与体育部门的联系，规划社区内学校与社区的共享措施，并执行、监督国家有关部门在共享方面的规章制度。职能体系中，公安局对辖区内学校与社区共享的公共安全负责，防止由共享导致学校、社区内不安全事件的发生。卫生健康委员会主要对进入社区或者学校的锻炼人进行健康测评，将由健康引起的共享风险降至最低，同时监控共享活动以便及时对安全事故进行预防、处理。市场监督管理局对采取市场行为的共享部门合理地给予政策上的照顾，同时加强共享中市场行为的发生，这里特指采用市场行为的共享方式；发展和改革委员会也特指采用市场行为的共享方式，共享中的学校、社区需要将使用体育场地设施发生的收费行为合理化、合法化，保证共享市场行为的长久性、合法化。在很多地方，体育部门属于文化部门管辖，因此文化部门作为体育部门的管理者，需要在共享中相互配合，加大对共享工作重心上的倾斜，同时协调市场中的其他体育文化市场行为配合共享的顺利实施。税务局对参与共享的部门进行国家、地方上的税务减免，可以起到塑造榜样的作用，可以引起其他学校或者部门纷纷效仿。

四、制度创新下的城市社区公共体育服务体系中社区公共体育场地设施的产权划分

本小节在制度创新的基础上对学校、社区体育场地设施的产权进行分析，构建利于服务体系构建的产权制度体系，目的在于通过界定、安排产权结构，降低或消除共享、协同治理运行的社会费用，提高共享的效率，改善

体育资源配置，促进体育场地设施资源的高效使用。

（一）城市学校体育场地设施的性质与产权分析

国有资产有广义和狭义之分。广义的国有资产是指属于国家所有的一切财产和财产权利，包括国家各种形式的投资及其收益、拨款、接受馈赠，凭借国家权力取得，或者依据法律认定的各种财产和财产权利。广义的国有资产按其用途划分，可分为企业国有资产、行政事业单位的国有资产和资源性国有资产（苗大培等，2004；王兰等，2007）。按国有资产的性质划分，可分为经营性国有资产和非经营性国有资产。非经营性国有资产是指不直接投入生产经营过程，由国家机关、军队、社会团体、文化教育、学校和科研机构等行政事业单位占有和使用的国有资产。非经营性国有资产具有非增值性的特点，其占有和使用不是为了自身价值的增值，而是为履行国家行政管理职能和社会服务职能提供物质基础。中小学体育场地设施是为了满足学校体育教学的需要由国家财政拨款形成的资产，属于广义的国有资产。按照国有资产的用途来划分，学校体育场地设施属于行政事业单位的国有资产，是非经营性资产，其特点如下：①为履行社会公共服务职能提供物质基础；②占有和使用的国有资产是无偿的，对这部分国有资产管理的重点，是保证资产实物形态的完整和节约，以及使用的有效性；③其资产使用消耗的补充和资产规模扩大所需的资金不可能从所占有的国有资产的使用中获得，只能来源于财政预算的事业费支出。

（二）城市社区体育场地设施的性质与产权分析

目前城市社区体育场地设施一般由开发商修建，产权属于社区内全体业主，属于准公共产品，同时也属于公共资源（陈安琪，2009）。社区内还有一些经营性的社区体育俱乐部，这类设施更多属于私人投资的范围，属于俱乐部产品。社区中投资最多的是全民健身路径，或者是体育局投资修建的体育场地设施，这类体育场地设施属于国家投资，属于公共产品。前两类产品都属于俱乐部产品，且都属于准公共产品，它们的产权属于小部分人，出现“公有地悲剧”的可能性非常小。第三类社区内的全民健身路径由政府体育机构投资修建，同属于公共产品。这类产权属于国有，因此在管理和维护上花费比较巨大，这三类体育场地设施是我国当前城市社区体育场地设施的主要类型，但是由于产权的不同，使用的人群多寡也不同，第三类社区体育场地设施的使用人群范围最大，第一类次之，第二类最小，使用人群和产权相联系，即产权范围越大，使用人群范围越大。从资产的角度来看，第三类资产属于非经营性国有资产，而前两类不属于国有资产。

（三）制度创新角度下的城市社区公共体育服务体系共享的产权的重新规划

构建公共体育服务体系必须在制度创新的角度下对学校体育场地设施、社区体育场地设施的产权重新进行划分，并根据需要合理界定学校体育场地设施、社区三类体育场地设施的产权范围。学校体育场地设施属于非经营性国有资产，学校具有使用权、占有权，但是所有权不属于学校，产权属于国家，由国务院国有资产监督管理委员会管理。社区这三类体育场地设施，只有由体育行政部门投资修建的体育场地设施属于非经营性国有资产，同学校体育场地设施一样。

构建公共体育服务体系的关键之一就是明晰学校、体育场地设施的产权属性，在明晰的基础上扩大设施的适用范围，将准公共产品扩大适用范围。重点是社区体育场地设施中的小区开发商建设的体育场地设施与社区会所之类的社区体育俱乐部中的体育场地设施的共享、协同。其核心就是私有产权、集体产权的物品扩大使用范围，意味着产品属性发生改变，这类体育场地设施产权的划分重在大社区管理构架中的政府主导制，即在不影响产权性质的基础上进行共享、协同，适当由政府对其进行经济补偿（苗大培等，2004）。

公共体育场地设施共享、协同范围不能无限扩大，避免出现“公有地悲剧”的情况，准公共产品是其服务体系中共享、协同产品的基本底线，但是不能走完全公共产品的共享道路，这一点对于社区体育场地设施中的集体产权与私有产权的设施尤其重要，这对于实现社区与学校双向共享至关重要。因此，社区与学校双向共享的服务范围界定在大社区内的社区与学校人群（Piggin，2010；苗大培等，2004）。对社区以外的人群设置进入的高收费门槛，将这一部分人群屏蔽掉。在这里进行产权划分的意义在于，从共享的现状来看，学校对社区共享的难度相当大，从政府层面推动构建服务体系，明晰学校体育场地设施的产权属于国家而不属于学校，从产权层面为共享降低难度。政府主导制中的产权划分有利于降低社区与学校为共享而产生的交易费用和中介费用。

上文从产权理论的角度对城市社区与学校体育场地设施的产权、产品属性进行了分析，但这仅停留在分析层面，构建服务体系必须依靠制度创新来解决产权制度供给不足的问题，由此避免产权划分后构建服务体系原动力的匮乏。制度创新从立法层面、集体层面、操作层面整体强调、层层配合，更新产权的划分与重新组合。制度创新后服务体系内的产权必须停留在大社区一级的政府机构，为共享、协同而产生的交易费用提供政府操作平台，同时更多的是为顺利实施共享、协同并降低社区与学校间费用提供政府保障。

五、制度创新下城市社区公共体育服务体系构建的法制创新

本小节针对政策法规因素是阻碍共享、协同治理的因素之一，分别对学校体育场地设施、城市社区体育场地设施建设的法规进行阐述，然后对城市社区与学校体育场地设施共享的法规进行论述。社区、学校体育场地设施建设是以共享为基础的公共体育服务体系的核心。从基础层面剖析当前社区、学校体育场地设施不完善、达标率低的原因，然后从制度创新的层面提出共享法制创新。目前有关城市社区与学校体育场地设施共享的政策法规约束力极其弱，现有法规对违法没有起到丝毫作用。这些政策法规中没有一部能真正称得上法律，更不用说能做到有法可依、违法必究。因此，共享、协同在很大程度上是一种政府性行为，如果缺乏政府的推动，那么共享势必进行不下去，缺乏长效机制保障共享。因此，需要从制度创新的角度对法制进行创新，意在建立长效机制，同时推动服务体系的建立。

（一）我国城市社区与学校体育场地设施政策法规发展回顾

关于学校对外开放的法规有：1999 年 6 月《教育部办公厅关于假期、公休日学校体育场地向学生开放的通知》中要求各地教育行政部门根据本地实际情况，尽快制定相应的管理办法，各学校要制定相应的实施办法，并教育学生认真遵守，避免出现意外事故，并提出了五个方面的注意事项。此外，2006 年 8 月在教育部与国家体育总局联合启动下，我国学校体育场地设施对外开放正式启动。在此之后，北京、上海、天津、武汉、长春等地相继出台了地方性的学校体育场地设施向社会开放的政策法规，地域多集中在试点地与省会城市。2002 年 7 月，教育部印发了《中学体育器材设施配备目录》《小学体育器材设施配备目录》，把配备分为必配类和选配类，指导了学校体育器材设施的配备工作。2004 年 8 月，教育部办公厅印发了《普通高等学校体育场馆设施、器材配备目录》，目录分两大部分，即体育场馆设施配备目录和体育场地基本要求及体育器材配备目录。学校体育场馆设施配备目录分为两类，即基本配备类和发展配备类；体育器材配备目录包括体育场地基本要求（苗大培等，2004）。

当前我国有关城市公共体育场地设施的政策法规对解决我国城市公共体育场地设施不足的矛盾起到了重要的作用。大体可分为四个层次：一是人

大通过的立法；二是中共中央、国务院文件；三是政府部门规章；四是有地方立法权和授权立法的各省、自治区、直辖市、计划单列市根据各地方的具体情况制定的综合法规中包含城市公共体育场地建设的相关条款。20 世纪 80 年代初，城乡建设环境保护部和体育运动委员会联合发布的《城市公共体育运动设施用地定额指标暂行规定》，1993 年制定、1994 年 2 月实施的《城市居住区规划设计规范》，以及 1995 年颁布的《中华人民共和国体育法》都做出了关于公共体育场地设施建设维护的规定，为公共体育场地设施的建设维护提供了有效的法律依据。2002 年《中共中央国务院关于进一步加强和改进新时期体育工作的意见》为我们准确地理解和把握城市居民小区体育场地设施建设和利用提供了新的依据。该意见进一步明确指出，各级政府要重视体育设施建设，加强城乡公共体育设施规划。新建的非营利性体育设施，地方政府可以采用划拨方式提供用地。新建居民小区、经济开发区和学校必须配套建设相应的体育设施。构建群众性体育服务体系，着重抓好三个环节：一是建设好群众健身场地，方便群众就地就近参加体育活动；二是健全群众体育活动组织，建立社会体育指导工作队伍和社会化的群众体育网络，完善国民体质监测系统；三是举办经常性群众体育活动，丰富群众文化生活。2003 年颁布的《公共文化体育场地设施条例》对公共体育场地设施的建设、布局和使用均有明确的要求，这部法规可谓 21 世纪以来对公共体育场地设施的要求最明确的一部法规。

（二）我国城市社区与学校体育场地设施建设的政策法规分析

以上这些法规已经陈旧，当时的经济发展和城市建设的规模与速度无法与今天相比，难以适应目前的要求。仅从法律效应来看，这种配备目录、暂行规定与设计规范本身的约束力就十分有限。从学校体育场地设施对外开放来说，不管是 2003 年的《公共文化体育场地设施条例》，还是 2017 年的《教育部 国家体育总局关于推进学校体育场馆向社会开放的实施意见》，包括各地出台的地方性政策法规，最大的不足就是缺乏执法力度，它们都对没有执行的学校做出了补充性的说明，是在不影响学校教学安排的前提下，适当对外开放，从一个经济理性的人的角度来讲，学校校长一般不会对外开放，因为开放会引发很多问题，而不开放是实然之举，这也就可以解释我国当前开放比例为什么如此之低了。上述事实说明，目前对外共享的政策法规的约束力太低，均未对学校对外共享起到实质性的作用。《中学体育器材设施配备目录》和《小学体育器材设施配备目录》只是“要求”，约束力小。从教育部网站公布的数据来看：小学体育运动场（馆）面积达标校数的比例为

55.24%，体育器械配备达标校数的比例为 49.35%；普通初中体育运动场（馆）面积达标校数的比例为 69.23%，体育器械配备达标校数的比例为 66.40%；普通高中体育运动场（馆）面积达标校数的比例为 78.39%（肖林鹏，2008），体育器材配备达标校数的比例为 78.31%。上述数据说明配备目录的约束力还是比较低的。

从城市社区体育场地设施来说，计划经济时期的住宅建设是政府的职责。第一，由政府的职能部门制定有关规章加以管理；今天市场经济的商业运作必须重新明确立法主体，必须重新明确政府、开发商、业主、物业管理的相互关系，并通过法律明确各自的利益和责任。第二，我国地方，特别是大城市和沿海经济发达城市制定新建居民小区体育场地设施配套建设相关法规大都集中在 2000 年前后，缺乏具体的、可操作的实施办法，尚未理顺有关环节及相关部门的关系。建设行政部门在项目审批过程中，对容积率、建筑密度、绿地率、车位设置等均有明确的指标规定，在核发《建设工程规划许可证》前，规划、消防、市政、环保、园林、民防、抗震等部门都参与联合审批。体育场地设施用地因法规没有强制性规定，体育行政部门没有参与建设项目的联合审批，又不具备独立的行政执法权，导致体育场地设施建设的规定得不到有效实施，配套法规措施亟待完善，因此地方法规必须制定相应的实施细则，才能成为建设行政部门审批的法规依据。第三，法规规定的体育场地设施用地定额指标不全面。《城市公共体育运动设施用地定额指标暂行规定》对居住区和小区的体育场地设施用地定额指标做了规定，对组团的体育场地设施用地定额指标未做具体规定。上述文件实施都具有一定的难度，涉及资金筹措、搬迁、建设等一系列问题，这是对政府的决心和立法效力的检验。

从法理上讲，任何一个国家，任何一个城市中的社区体育场地设施、学校体育场地设施建设规划都必须具有法律的强制效力，一切违反规划的行为必须得到彻底的纠正。面对市场经济条件下的社区体育场地设施建设与学校体育场地设施建设以及学校与社区体育场地设施共享中出现的种种问题，已有的计划经济体制以直接行政管理为主要手段，以部门规章为立法的主要内容，法律时效不确定的、暂行且缺乏适用性的规定、草案、决定等，都难以适应市场经济条件下社区居民对体育场地的需要。因此，较高层次的、适用面广的、具有约束力的立法亟待制定（苗大培等，2004）。

（三）制度创新下的城市社区公共体育服务体系的法制创新

服务体系的法制创新围绕着解决老百姓身边场地问题，政府必须承担主体责任。各地试点在开放过程中，从本地区和学校实际出发，制定了有关开放的具体办法、规定及制度，初步形成了服务体系的管理法规和制度体系。这些法规与制度，从层次上，有省、市、区、学校等不同层面的法规制度；从内容上，涉及开放的组织领导、开放的形式和标准、开放的安全保障、经费补贴与奖励、场馆管理、器械管理、收费办法、值班人员职责、赔偿制度、突发事件处理等方面。整体而言，目前试点学校层面的开放管理规章制度较为完整详细，但上级部门尤其是省、市一级的法规政策非常欠缺，呈现出“低重心”“法规链条上位不足”的情况，迫切需要进一步创新与完善。法制创新应从以下几点做起。

第一，法制创新必须以确保政府主导的长期性为切入点，用法的形式说明政府是服务体系构建中的主导力量，在立法匹配性的创新上，做到国家、省一级、市一级层层相扣的立体共享法制供给，确保该体系的建立。第二，法制创新必须以制度供给的连续性为基础，政府为主导是切入点，但是需以制度创新为动力从法制创新的角度解决体系的制度供给的问题。制度供给主要是指以法制供给来保障服务体系的建立，现有政策法规普遍缺乏约束力，从制度创新的宪法层面实施法制创新，进而延伸到操作层面、集体层面，达到政策法规在原有的基础上重新匹配实现新的法制效力。第三，法制创新重在对服务体系中各个主体的职、责、权的清晰划分，特别是对于前文中构建社区公共体育服务体系管理委员会中各个主体的职责清晰划分，与不履行且指出有法不依、违法不究的情况做出判别，依法进行追究，核心在于对违法后的法律追究的法制建设创新。例如，对于学校、社区内体育锻炼会发生的安全事故，应以法制创新解决。免除学校、社区的管理者的后顾之忧，此举重点在于从制度创新达到法制供给，为社区、学校进行安全风险分割。第四，从制度变迁的层面，法制创新在强制性变迁和诱致性变迁中保障政府的主导力量，适时以法的角度指出政府在服务体系中的所为所不为。第五，法制创新在确保学校、社区双方设施按照法定要求建设的基础上，前瞻性地提出服务体系是今后城市公共体育服务体系的主要发展方向，为从城市学校、社区体育场地设施向公共体育服务体系建设、发展靠拢提供政策性支持。第六，法制创新务必要明确学校、社区体育场地设施的产权，明确产权的使用权、占用权与所有权，确定学校体育场地设施所有权归国家所有，为共享运行提供物质上的保障。第七，对于社区体育场地设施产权种类多的情况，法制创新应提供服务体系的公益性的法制供给，并为社区体育场地设施的合理补偿措施提供法律依据，确保社区体育场地设施为学校所共享。第八，法制创新一定要聚焦于学校、教育部门免责的法律保障，同时这也是建立长效机制的重要条件（Piggin，2010）。

六、制度创新中城市社区公共体育服务体系中部门的利益划分

制度的变迁经常在不同的群体中重新分配财富、收入和权力。如果变迁中受损者得不到补偿（在大多数情况下他们确实得不到补偿），他们将明确地反对这一变迁。只有当这个社会中大多数人的利益取向决定放弃原来的制度并接受新的制度时，制度才产生变换。普遍的利益需求是促成制度变迁的条件之一。制度变迁活动的发生不仅要有强大的利益驱动，还需要有一系列的中介条件和诱发条件才能奏效。因此服务体系建构成功的关键之一就是必须有利益的划分。因此这一小节主要对构建服务体系中的利益划分进行分析。制度变迁会引发利益的划分，确保公共服务体系中利益在学校、社区中重新划分必须依靠制度创新。制度创新产生新的制度，保障利益在不同的主体之间重新且合理划分。这一小节讨论社区公共体育服务体系管理委员会中核心部门与一般部门的利益划分，利益划分重在解决体育场地设施使用中由谁向谁出资的问题，以便厘清部门之间的责任，推动公共体育服务体系的构建。

（一）制度创新中城市社区公共体育服务体系中教育部门的利益划分

在影响学校对外开放的因素调查中，资源因素成为阻碍共享的因素之一。目前政府部门要求学校对外共享体育场地设施，一旦对外共享体育场地设施，将加速体育场地设施的消耗，却得不到政府部门相应的资金补充。这种现象还存在于共享对学校人力资源、学校水电等许多资源的消耗。这些资源的消耗若得不到相应补充，在很大程度上将由学校自行想办法解决。北京市二十九中对外开放工作中，对校游泳馆过度使用，造成游泳馆多处需要修缮，而修缮资金高达上百万元，政府部门却未对开放造成的资金补充提出具体说明，因此该校已经关闭开放的大门。这种现象在目前共享中比较常见。服务体系的构建是一个体育场地设施制度变迁的过程，制度变迁必然引起学校、社区等多方利益的划分，要解决这些问题必须依靠制度创新。在服务体系中教育部门的利益划分是核心，是确保教育部门长期开放设施对外共享的基础，假如没有从制度性这里保障教育部门在共享中的利益划分，那么教育部门的开放热情、信心将会受到极大的影响。

解决教育部门在共享中的资源消耗是共享能够顺利实施的关键之一，因此制度创新必须从制度供给上保障教育部门资源消耗的补偿着手（Piggin，2010），重在对旧有制度的完善和创新。建立完善、长期、定期

性的修缮制度，如明确修缮费用应从市一级财政中划拨，制度创新的核心是由政府部门保障对教育部门在共享中造成的资源消耗进行补充，而且必须建立长效机制确保教育部门在共享中的利益分配。此外，在经济发达地区，学校应对共享进行适当的收费，市场监督管理局必须积极配合，建立收费保障的制度体系。不发达地区应建立专项经费以保障学校的资源消耗及时得到补充，专项经费由体育部门，财政部门，教育部门，街道、社区管理部门等多个部门筹集，落实到实施共享的学校，建立相应的财务制度以确保专项经费的落实。

（二）制度创新中城市社区公共体育服务体系中社区部门的利益划分

社区中体育场地设施一般分为国家所有、集体所有、私人所有。例如，全民健身路径就属于国家所有，小区开发商建设、小区全体业主使用的体育场地设施属于集体所有，社区中的健身会馆等一类设施就属于私人所有。城市社区公共体育服务重点在于前两类体育场地设施的共享，私人产权的体育场地设施是尝试性共享，但不是服务体系中体育场地设施构建的核心组成部分。社区利益的划分实质就是对由共享造成的社区体育场地设施资源消耗进行补偿，尤其是必须对小区中业主的体育场地设施进行补偿。此处的制度创新指的是由政府出台相应的政策以促进社区在闲时对学校开放体育场地设施，并由政府部门主导下的教育部门，体育部门，街道、社区管理部门共同补偿社区体育场地设施的消耗。对于社区内属于国家所有的体育场地设施，一般属于所在地区的体育部门所有，这类体育场地设施的共享应扩展至周边学校使用，但是必须建立共享收费制度，以确保公共体育场馆可以长期运营，同时也能保证大多数学校可以使用到体育场地设施，假如收费过高会造成教育部门背上沉重的经济负担，出现减少共享甚至不共享，直接影响学校共享的积极性。从学校角度来说，教育部门应向社区埋单以确保学校可以长期使用社区体育场地设施。目前北京市朝阳区已对此展开积极的探索，朝阳区很多中小学没有游泳池，而社区游泳馆条件非常好，学校选择在社区的游泳馆进行游泳课教学，但是过高的使用费用影响了学校继续使用社区体育场地设施。对于第三类社区体育场地设施，一般由私人投资修建，这类设施规模较小且收费高昂，因此与学校进行非营利性共享的可行性较低。

（三）制度创新中城市社区公共体育服务体系中体育部门的利益划分

建立社区公共体育服务体系管理委员会是城市社区公共体育服务体系

得以发展的一个前提条件，前文已经阐述教育部门，街道、社区管理部门如何在服务体系中进行利益划分，在这一小节主要讨论社区公共体育服务体系管理委员会中其他部门的利益划分，以及它们在委员会中处于什么地位。体育部门是发动者，各项由共享发生的费用都应该由体育部门核准并在各个部门之间支付，在委员会中应处于核心地位，建立共享关系，评价共享实施的效果，尤其是在各个部门之间的利益关系的划分上扮演着重要的角色。体育部门在共享管理中是资金筹集者，同时是资金在不同部门之间的划拨者，拥有资金的控制权，这样才能对共享做出卓有成效的指导。体育部门起到在政府部门与委员会之间承上启下的作用，及时将当前发展态势、存在问题、未来走向汇报给政府部门，传达政府对共享所做的指导。其他部门如卫生健康委员会、公安局、市场监督管理局、发展和改革委员会在委员会中起到协调作用，但是政府部门应给予一定的专项经费，确保共享工作的顺利实施，这样做能引起其他部门对共享、协同治理工作的重视。

综上，社区公共体育服务体系必须在制度创新中建构。制度创新是解决当前制度变迁中制度供给不足的有效措施。尤其是服务体系需要政府推动强制性变迁，在很多层面需要进行组织架构建设、在不同模块之间整合体育场地设施资源，进行产权、不同部门之间的利益重新划分等。原有制度解决不了这些问题，故需要在保证提高体育场地设施的利用效率、推动社区与学校共同发展的目标下，对教育部门，街道、社区管理部门，体育部门进行制度创新，形成新的组织构架，建立新的组织制度。

第八章　我国城市社区公共体育服务体系的构建及其特点

第一节　我国城市社区公共体育服务体系的运行机制

机制有多重含义，如用机器制造的；机器的构造和工作原理；有机体的构造、功能和相互关系；泛指一个复杂的工作系统和某些自然现象的物理、化学规律；等等（陈安琪，2009；张莉，2010）。简单地说，机制就是制度方法或者制度化了的方法，本身含有制度的因素；机制是在各种有效方式、方法的基础上总结和提炼的；是经过实践检验有效的方式方法，并进行一定的加工，使之系统化、理论化，这样才能有效地指导实践（郁建亚和吴明，2002）。

机制一般是依靠多种方式、方法来起作用的，而方式、方法可以是单一起作用的（赵慧娣，2018；杨守民，2007）。例如，建立起各种工作机制的同时，还应有相应的激励机制、动力机制和监督机制来保证工作的落实、推动、纠错、评价等。建立完善的城市社区与学校体育场地设施共享、协同的运行机制，才能使公共体育服务体系建设稳步发展，保持长久的活力。根据前面的论述，我们建构了社区公共体育服务体系运行机制的微观结构体系，其第一层次结构包括四个子机制，即目标机制、执行机制、反馈调控机制、保障机制（图 8-1）。

一、我国城市社区公共体育服务体系的目标机制

社区公共体育服务体系的目的就是提高社区居民身体素质和生活质量，以实现社区居民健康发展。服务体系具有内部教育功能和外部社会功能两个目标（杨守民，2007）。与此相适应，共享的目标机制体系也由第二层次两个子机制组成，即人才培养机制与社区服务机制。人才培养机制，主要是逐步建立起与市场经济相适应的社区成员素质提高机制和生活质量提高机制。社区服务机制，主要是社区对生活在其中的个体进行潜移默化的影响。

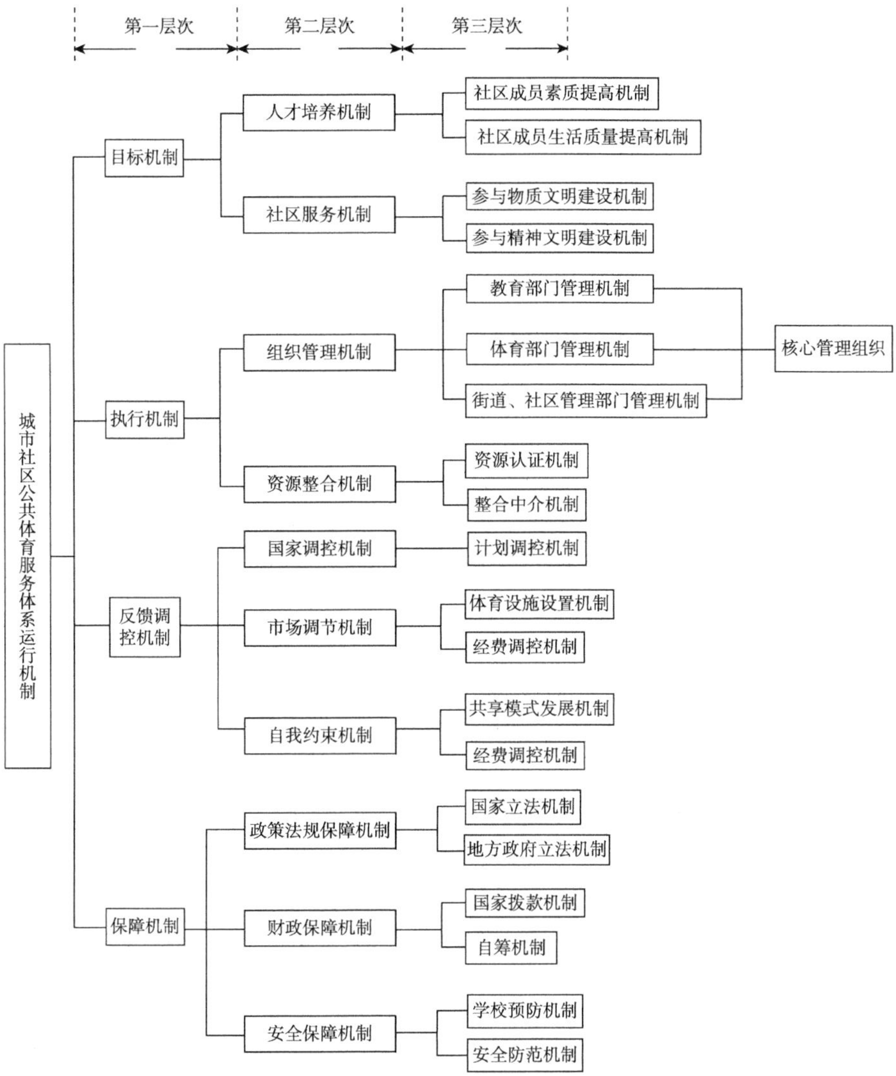

图 8-1　我国城市社区公共体育服务体系运行机制图

服务体系作为体育共享的组织形态，则主要是通过有计划、有组织的安排，使社区、学校融合为一个全新的组织。根据服务体系的目标对社区成员与学校学生施加有计划的影响，最大限度地满足他们终身体育的需求，要兼顾社区、学校各自的利益，使共享成为连接学校体育与社区体育的桥梁。服务体系的建立直接影响着社区居民生活质量，有利于充分调动社区居民、学生的锻炼主动性，达到提高生活质量的目的。首先，通过各种体育活动的形式培养居民、学生全新体育生活意识，提高他们的健康水平和身体活动能力，借此提高社区成员的物质生活质量。其次，可以有效地提高社区成员的思想文化素质，营造良好的大社区氛围（学校、社区为一家），优化社区人文环境，从而促进社区成员精神生活质量的提高。

服务体系对社区建设诸因素如经济、政治、文化、服务等的影响是综合性的。具体体现在两个方面：一是参与社区物质文明建设，如培养社区成员为社区发展服务的能力；二是参与社区精神文明建设，如增强社区成员的社区意识和社区归属感，提高社区成员的道德水平等。这两方面的作用是彼此紧密相连、互相促进的。

二、我国城市社区公共体育服务体系的执行机制

执行机制是指在城市社区公共体育服务体系的目标指引下，服务体系管理委员会中的各成员单位各司其职，共同参与共享管理等一系列工作，按照确定的方向和目标运行。城市社区公共体育服务体系的执行机制由组织管理机制和资源整合机制组成。

服务体系的组织管理机制应是自上而下以地方政府为核心，协同社会各部门的行政行为的组织管理机制。其中包括核心组织：教育部门，街道、社区管理部门，体育部门。核心部门是服务体系运行的充要条件，代表政府通过社区公共体育服务体系管理委员会介入社区体育，发挥统筹、规划、协调、控制和服务等管理功能。功能部门是辅助核心部门开展协同治理的其他政府组织，如卫生健康委员会、公安局、市场监督管理局、发展和改革委员会。这些部门发挥本部门的行政职能，为共享、协同提供帮助。社会力量参与管理机制，目前除了学校以外，其他社会力量的积极性还没有充分调动起来。目前在社区公共体育服务体系管理委员会中虽有一定其他政府管理部门的名额，但大多形同虚设。因此，运用第三域原则，鼓励社会中介部门的参与，应成为解决公共体育服务体系共享构建过程中的矛盾的有效之举。服务体系专门机构管理人员由社区内的学校体育教师与社会体育指导员及体育政府机构中的群体工作人员组成，该机构可以成为服务体系中领导、规划、统筹、协调、实施和评估的主体。

服务体系就是要为城市社区中的绝大多数中低收入者提供公共体育服务。要做到这一点，必须有丰富的体育场地设施资源。要充分开发社区内体育场地设施资源，必须建立资源认证机制和整合中介机制。

资源认证机制的前提是要充分开发体育场地设施资源。首先，要建立服务体系的体育场地设施资源认证机制。资源认证机制是确立什么样的社区与学校体育场地设施可以共享，然后进行共享前的管理工作。其次，确立共享学校、社区的体育场地设施的标准，如只要满足下列条件之一的就应该对外

开放：①拥有 200 米以上跑道的田径场；②拥有足球场、排球场、篮球场；③拥有室外健身器材（乒乓球台）（于文谦等，2007；及化娟和赵德勋，2013）。整合资源，构建资源流动中介桥梁，推动资源认证机制落实。认证之后如何协调这些体育场地设施资源，使之共同为共享服务，这是一个难点。因为学校、社区内的私人、集体、公有体育场地设施隶属关系不统一。如果不能在组织管理的核心部门达成一致，则这些设施很难被共享。可行的办法是由核心部门主导，由这一机构协调各方力量，但是这一机构凭借什么来影响和制约各单位又成为一个新的难题，所以服务体系的资源整合问题，是今后服务体系理论和实践都要共同关注的重要问题。

三、我国城市社区公共体育服务体系的反馈调控机制

反馈调控是确保系统目标的实现与组织的动态平衡有序运行的基本手段。由于体育锻炼需求的不断变化，服务体系目标和内容都需要作适时的调整。反馈调控机制应该包括国家调控机制、市场调节机制与自我约束机制。

国家调控机制，即国家根据经济社会发展战略需要，以立法、指令、计划、政策导向对共享以下方面进行宏观调控：首先推动全民健身活动发展方针的全面贯彻，其次确保学校体育各项政策顺利实施，最后促进城市社区体育的高速发展。

当前市场调节机制的特点是政府高度参与性以及社区体育自身的公益性不足，这使得市场在服务体系运行中的调节功能甚微，制度变迁由强制性变迁向诱致性变迁过渡，导致政府职能的转变，服务体系将会由市场经济所驱动。市场调节机制必然要在服务体系运行中发挥重要作用，其作用的途径主要是体育场地设施共享的合理设置，即根据社区居民与学校学生对设施的需求提供相应的共享设施。服务体系运行经费的多渠道投入也需要市场的参与。

上述两种调控机制，都是外部施加于服务体系。就内部而言，必须建立相应的自我约束机制，以自觉调节服务体系的行为，主动适应经济社会的发展需要，实现群众体育与社区、学校体育运行的总体目标。自我约束机制的调控作用，一是在市场经济条件下，按照服务体系自身的规律，对由人们体育需求变化引起的各种影响做出合理和科学的判断和选择；二是在共享过程中，遵循体育发展规律，提高共享的效率。

四、我国城市社区公共体育服务体系的保障机制

服务体系从目标的制定、执行到反馈调控，都需要政策法规与经费投入

两方面的保障机制来规范和推动。许多国家的政策法规保障机制实践表明：国家对共享强有力的支持之一就是立法。国家立法的支持能够从根本上推动服务体系的逐步规范化、制度化，进而促进学校、社区体育的纵深发展。在未来服务体系运行机制中，必须在以下两方面不断加强此项工作：①国家立法机制。我国目前还没有一部关于城市社区与学校体育场地设施共享的法律，导致体育场地设施共享工作因经济水平和政府重视程度的不同而存在严重的地区不平衡性，因此国家要加快共享的立法工作，尽快出台相关法律法规。②地方政府立法机制。因为具有地区不平衡性及差异性，所以各级地方政府必须根据本地区经济发展水平及社区体育、学校体育发展实际，制定具有地方特点的共享政策及规章制度。

要加快城市社区体育公共基础设施建设，需要建立社区体育的多渠道投入机制。①国家拨款机制，由于相当长一段时期必须依靠国家投入，假如过多依靠地方政府财政支持，那么一些财政困难的地方就会停止财政支持，可能造成服务体系建设的停滞。此外，从制度变迁的角度来看，强制性变迁从上至下的推动，也符合国家拨款机制。②自筹机制，要采用公有民营、民办及社会捐资助的形式广泛吸纳资金，以使共享的体育场地设施条件不断改善。在一些发达地区引入市场机制，使服务体系具有造血功能，为整个社区公共体育服务体系管理委员会增加运营能力，同时可以提高体育场地设施的建设条件。

安全保障机制是关系到服务体系能否长期存在的一个关键机制。安全保障机制分为学校预防机制与安全防范机制。学校预防机制是指学校要根据国家及本地区有关校园安全管理方面的规定，结合体育场地设施开放工作，完善学校安全保卫相关规章制度，建立突发事件预防和处置制度。制订突发事件应急预案，预防并及时消除各类安全隐患。如遇重大传染病疫情及类似事件，应及时调整或停止开放。加强体育场地设施管理，确保安全。根据体育场地设施管理的相关规定，加强对学校体育场地设施的日常管理。在学校体育场地设施周边设置体育器械使用方法指示牌和安全警示标识，粘贴安全须知，指定专人在开放前和开放过程中对活动场地、活动器材进行及时检查，指导居民正确使用体育场地设施。安全防范机制是指政府提供运动安全保障机制。对免费开放体育场地设施的学校，由政府采取招标方式确定商业保险公司，为学校办理公众责任保险，对学校开放时段发生的由设施原因引发的人身伤害事故，由保险公司赔偿经济损失，所需资金按现行财政体制由市、区两级财政分担。对实行收费开放体育场地设施的学校，要从收取的费用中提取一定比例，既可以参加政府招标的商业保险，也可以通过体育场馆协会等中介组织设立互助金，用于运动人体伤害事故的经济赔偿。

综上，我国城市社区与学校体育场地设施共享的运行机制相当于服务体系管理组织的润滑剂，它的存在推动了服务体系的运行，同时为其目标、发展方向提供动力，确保其沿着既定的轨道发展，同时协调内生力量与外生力量。它与组织管理架构的最大区别就是，机制带有软性制度的性质，运行机制是一种带有组织框架的制度。

第二节　我国城市社区公共体育服务体系的构建原则

我国城市社区公共体育服务体系构建的指导原则是有序、有组织、有步骤地共享，这样才能充分发挥资源的效益，其构建应遵循下列原则。

一、城市社区公共体育服务体系构建的效益原则

社区公共体育服务体系就是要让学校、社区公共体育场地设施如公共体育馆在非教学时间高效地利用，但不能片面追求经济效益。一定要重视社会效益，特别是服务体系的发展初期，政府以强制性变迁推动服务体系的构建，社会效益是第一位的。强化服务体系的育人、服务学校和社区的功能，淡化经济功能。服务体系的社会效益是巨大的，通过服务体系解决学校、社区体育发展中的资源紧缺的问题，同时还能加强社区与学校联系，社区与学校共建新型社区等，这些社会效益是无法用经济效益衡量的。此外，经济效益体现在以下方面：通过构建服务体系节约了城市体育用地，省去了政府体育建设资金，避免城市体育场地设施重复建设。

二、城市社区公共体育服务体系构建的育人原则

服务体系利用学校、社区体育场地设施使用时间的特点，为社区内的学校、居民提供不同时间段的体育锻炼的服务，解决学校体育、社区体育发展中设施紧缺的问题。服务体系要从满足学生、社区居民身心发展的要求出发，强化体育对人的教育功能，在共享活动中从不同的环境中达到对学校学生、社区居民育人的作用。育人原则是构建服务体系的重要原则，主要是指社区居民在学校锻炼，学校的环境会对其产生潜移默化的影响，而这些影响都是正向的，具有育人的作用。将这些积极的、正面的影响汇总形成一个交集，在构建服务体系中以这些特点为主线，突出服务体系的育人功能；学生在社区中进行体育锻炼等相关活动，社区某些环境因素也具有教育功

能，可以加强对学生的社区教育，这些都是育人功能的体现。服务体系体现育人功能，因此必须以育人为构建模式的原则，这样才能在服务体系中体现出育人的功能。

三、城市社区公共体育服务体系构建的以人为本原则

在西方发达国家，体育锻炼不仅是个人的需要也是政府工作的重点。政府会从提高国民体质的角度去考虑国家体育工作，考虑城市公共设施的布局设置，如何最大限度激励人们利用城市中的体育场地设施进行锻炼，提高国民的生命质量，减小国民的医疗开支。将学校体育与社区体育放在同等重要的位置考虑，从这个意义上，以人为本不但是学生、社区居民的需要，也是政府的需要。在构建体育服务体系过程中必须坚持以人为本的原则，就是要确立学生、社区居民共享中的主体地位，尊重学生、社区居民的个性，满足全民健身活动开展的合理需要，为学生的成才和社区居民的身心发展创造优良的环境和条件。在构建服务体系过程中，引入优质体育场地设施资源，最大限度地促进学生、社区居民的充分全面发展。

四、城市社区公共体育服务体系构建的创新原则

服务体系还应遵循创新的原则，不断在资源共享的机制、方式和手段上创新。以市场调节性与行政干预性相结合的原则深化学校、社区协同治理与共享的机制，单靠行政力量干预是远远不够的，必须借助市场调节的机制，寻找建立学校、社区协同治理的有效机制。特别是服务体系在已经共享地区构建时尤其需要创新，因为这些地方一般属于经济发达地区，如广州市学校开放率已经达到了 90%。这类地方政府实施强制性变迁推动城市社区公共体育服务体系构建，容易出现问题，由于经济条件好，在构建服务体系时强大的市场力量替代了政府的推动力。缘由是中介组织的存在加速了共享的进程。共享构建中应加入创新原则，不能一味地一条路走到底，创新以政府为主导，结合市场机制，不断填补政府主导共享中一些缺失的地方，逐渐往“小政府，大社会”的方向靠拢。此外，共享管理的方法也应采取一些创新，如分区分流、分段分时、分项分员等多种方法。分区分流即学校教学区与运动区分离，使居民的健身活动不影响正常的教学秩序；分段分时即列出开放的时间段，早、晚、节假日相结合，体现开放的经常性；分项分员即学校根据场馆条件选择开放的优势项目，以满足不同人群的健身需要（彭圣堂，2006）。总体来说，服务体系会在不同的地域体现出不同的特点，要使其能在不同的地方长时间运行下去，创新原则是法宝。

五、城市社区公共体育服务体系构建的互补原则

实行资源共享、协同治理的学校、社区有着不同的社会发展背景，不同的发展背景必然产生不同的文化特质。因此，在实行共享管理的过程中应对这些不同的文化特质分别予以比较鉴别，去芜存精，保留优良的文化传统，避免不良的文化倾向。对于学校来讲，社区居民进入学校锻炼，学校良好的学习环境会净化社区居民的心灵，使他们关心学校建设，爱护校园环境，关注学校发展；学生进入社区使用社区体育场地设施则能加深对社区的认识，加速他们对社区的融入。社区、学校各自利用它们环境中的优势，通过服务体系使不同的主体得到提升。在构建模式过程中善于利用各自的优势，补充不同主体中需要的东西，建立完善的城市社区公共体育服务体系。

第三节　我国城市社区公共体育服务体系的资金保障

资金保障是构建服务体系中最为重要的一个环节，特别是在构建服务体系的初期，对服务体系的运行起到了至关重要的作用。资金保障对于政府顺利推行强制变迁的作用非常明显，应从以下几个方面实施资金保障。

一、保障我国城市社区公共体育服务体系的建设发展资金

首先必须厘清政府财政资金保障的界限：提供基本的城市社区公共体育服务，这样才能明确社区公共体育服务体系的财政保障的作用。我国城市社区内多组织的共享协同治理模式属于起步阶段，由于社会转型以及单位体制变革的不完全，故社区体育处于引导发展阶段。在这个阶段需要国家的财政资金保障它的发展，使它顺利平稳渡过这个社会转型与单位体制变革的时期。当前群众体育发展的过程中出现的很多问题可以归结于我国的特殊体制。虽然目前不能完全解决这类问题，但是可以通过财政资金保障的手段解决体制改革中出现在服务体系发展过程中的问题。因此，这个阶段的社区体育服务的财政资金保障是非常重要的，它对于学校体育乃至竞技体育的联动发展都有非常重要的意义，这部分财政资金的保障作用不可小视。它的作用就是引导、孵化、强化城市共享的服务体系。这部分资金重在支持城市共享中社区公共体育服务体系中的设施、组织、人才和技术指导的建设和协同。这部分资金还要起到宣传服务体系的作用，让社区居民、学校尽快参与到共享活动中。

二、保障我国城市社区公共体育服务体系的设施建设资金

2002 年开始，国家体育总局用体育彩票公益金作为引导资金，开始在全国建设全民健身活动中心，并取得了显著的效果。2014 年国务院 46 号文件《关于加快发展体育产业促进体育消费的意见》的颁布刺激了社区居民的体育需求，仅靠体育彩票公益金的投入来解决社区体育场地设施建设问题是杯水车薪，必须引入财政资金以保障城市社区体育场地设施建设，确保有稳定的资金来建设社区体育场地设施。因为社区居民每年对全民健身活动的需求总是处于增长之中，体育场地设施的需求会相应增长，稳定的财政资金可以确保社区体育发展最核心的物质基础之一的体育场地设施的建设与需求同步。同时社区体育场地设施的耗损率也是相当高的，财政资金可以保证体育场地设施及时得到修缮，增加许多新型的体育场地设施。例如，15 分钟体育活动圈与 30 分钟体育活动圈的建设要靠财政资金的保障才能实现。学校社区共享体育场地设施，社区与社区体育俱乐部协同治理发展，上述共享过程中对于社区公共体育场地设施的使用也需要资金以保证其长期性使用，财政资金的稳定性能满足这种资金的需求（及化娟和赵德勋，2013）。此外，财政资金的保障对于提高学校开放的主动性来说十分重要。最后，财政资金对于社区体育场地设施应在全民健身路径、城市社区公共体育场、全民健身中心这几方面加强建设，突出财政资金保障的公益性与稳定性。

三、保障我国城市社区公共体育服务体系的组织建设资金

社区体育组织是城市社区公共体育服务体系的基石。当前社区体育组织的缺位是社区体育发展中不争的事实，资金缺少是问题的关键。虽然有一些社会捐助资金，但是在社区体育需求日益高涨而社区体育组织处在原地踏步的情况下，这些资金是杯水车薪。必须依靠政府财政资金的保障才能使处于困境中的社区体育组织逐步壮大起来。特别是随着服务体系的建立，处于发展核心地位的社区公共体育服务体系管理委员会必须依靠政府财政资金的注入才能正常行使组织职能。例如，在对教育部门、社区部门等部门实施共享协同治理时，必须提供财政资金来补偿这些部门在协同治理中的资源消耗。对于其他职能部门来说，组织的建设资金对于服务体系的发展有着极为重要的作用。

四、保障我国城市社区公共体育服务体系的全民健身活动内容研发资金

由于社区体育的多方面原因，人们在选择全民健身活动项目上，内容比

较单一、陈旧，活动缺乏科学性、娱乐性，社区体育受到一定影响。服务体系建立后，这个问题没有得到实质性的解决，因为协同治理、共享只是解决活动场地的问题，而活动内容的问题很难得到解决。因此使用财政资金花大力气研发一些适于不同服务体系的特点、易于开展的全民健身活动是非常重要的。从目前社区体育活动项目来看，基本没有新研发的全民健身活动，而使用财政资金保障可以迅速有效地研发一些有季节特点、地域特点、人群特点、年龄特点的体育活动项目。财政资金可以确保这些全民健身活动研发的长期性、科学性、稳定性。最重要的是可以指导社区居民的科学健身，摒弃一些不良活动对社区体育的干扰。此外，财政资金通过对全民健身活动的研发可以引导活动发展方向。活动必须具有一定的竞技性，竞技性的体育项目有利于社区内自主性体育协会产生，丰富社区体育活动，最重要的是通过这些项目提高社区居民的参与性，并把居民聚集形成稳定的、自发性的群众性体育组织，进而可以促进共享、协同治理的发展。反观目前大多城市社区体育项目缺乏竞技性，导致组织性不强且开展体育活动少，因此可以在构建服务体系的同时使用财政资金对全民健身活动的内容进行一定的引导，这会产生事半功倍的效果。

第四节 我国城市社区公共体育服务体系的操作模式

本节中的操作模式只是微观意义上的服务体系的体现。换句话说，就是很低层面的共享，这里的共享还仅停留在开放这个意义上，其他的上层组织的建设都是一片空白，但是目前的这些种类的开放模式都会给以后服务体系的构建提供非常具有借鉴价值的参考。从某种程度上说，今后城市社区公共体育服务体系具体体现形式就是当前五种开放模式，但是最大的不同就是构建了服务体系，构建了相应的完备的管理组织体系且可以确保长期运行易于推广。目前，从国家体育总局、教育部对外公布的试点对外开放的学校来看，采用以下五种模式：无偿开放模式，有偿与无偿开放相结合的模式，学校与街道、社区共管模式，市场化运作模式，依托青少年体育俱乐部开放的模式（赵军，2006；黄文高，2006；唐建军等，2001）。这五种开放模式与经济发展水平存在一定的相关性。例如，无偿开放模式多集中在经济不发达的西部地区，而市场化运作模式基本上为东部地区所特有，广东地区的模式为目前全国开放模式中所独有。

一、城市社区公共体育服务体系之一——以学校为管理主体的模式

（一）无偿开放模式

无偿开放模式适于经济不发达的地区，从调查结果来看，我国西部与经济不发达地区多采用此种模式。此种模式的特点如下：①学校向社会公众开放的各种体育场馆设施都是免费的。②无偿开放的动力主要来自政府对学校的明确性要求。③对于学校在开放过程中所需要的经费，地方政府以各种形式予以补贴。④此种模式对于共享的双方来说成本是非常低的，而且对体育场地设施的消耗也非常低，因为这些共享的场馆多为室外设施，这类设施多半是一些不易损耗的设施，如田径场、篮球场，而室内设施多不开放，与街道、社区的协同治理非常少。因此消耗与成本都是非常低的。⑤无偿开放模式主要依靠共享的学校来管理共享活动，这样无疑会加大学校的管理负担。这类共享是目前服务体系中一种简单的模式，只需要政府对学校下达指令，学校便可以开放。这种模式要求政府指令具有强制性，在这种强制性指令的要求下学校都会采取开放。这种模式实质上还是一种有偿共享的模式，只不过政府替居民来埋单，即“百姓健身，政府埋单”。这种模式的优点是，可以吸引较多的社区居民进校健身，激发居民参与健身的热情。缺点是，如果政府的财政补贴不能按时、持续发放，将会影响学校方面开放的积极性，还会影响开放工作的可持续性。此种模式便于在实施强制性变迁时，快速达到共享，但是会造成很多地方不能因地制宜地实施共享（苗大培等，2004）。

（二）有偿与无偿开放相结合的模式

有偿与无偿开放相结合的模式是指学校一部分设施免费向社区开放，而另一些体育场馆在开放时收取一定的费用。免费开放的体育场馆设施，大都是室外田径场、篮球场等配置比较简单的场地，用于收费开放的体育场馆设施大都是条件较好的室内体育馆，如篮球馆、游泳馆、羽毛球馆、乒乓球馆等需要成本运营的场地。该模式有以下几个特点：①用于免费开放的学校体育场地设施一般比较简单，空间较大、容纳人多，且这些设施大都在室外。用于收费的设施都是条件较好的室内体育馆。②有偿开放的收费，属于公益性收费，一般较低。收费由发展和改革委员会、市场监督管理局等部门统一规定。根据不同的场馆、时间段、人群有不同的收费标准。③政府对学校场馆基本没有投入，或投入非常有限。用于开放的室内体育馆，维护成本包括照明、水电、物耗、管理人员报酬等，比较高。不收取一定使用费用，就无法保证场馆开放的正常运行。④学校是共享的管理主体。⑤该模式与无偿开

放模式相比较而言，运行成本与管理成本较大。该模式的最大优点是满足了不同居民的不同需求，居民可以根据自己的实际，选择活动的项目和消费的方式；缺点是收费有可能造成部分居民参与但不愿支付相关费用，从而在客观上把一部分居民拒绝在外。另外，收费的标准与收费的合法性也是一个问题。最后，对于学校共享社区体育场地设施来说，此种模式也可以成为一种非常有益的尝试，对于社区中的一些易损的体育场地设施可以收费，而物耗较低的就可以不收费。

二、城市社区公共体育服务体系之二——学校与街道、社区共管模式

采用这种模式的一般是社区管理工作发展比较好的地方，如上海。开放管理的主体是街道、社区，学校参与部分管理工作；学校与街道、社区在开放工作中各负其责，双方签订协议，对各自的权利、义务和职责进行约定。学校的主要职责就是在不影响学校正常教育、教学秩序的前提下，在规定时间里为所在社区居民提供活动场所和活动指导服务，确保各种体育场地设施的正常运行，能及时应对简单的安全事故并提供简单的急救处理。街道、社区主要职责是向参与健身的居民收取必要的费用，有针对性地向本社区居民发放会员证或者健身卡，组织社区居民前往开放学校进行体育锻炼活动，并负责保险投保工作。开放对象主要是社区范围内有组织的健身团队、居委会的统一活动以及社区体育俱乐部会员；收费采用有偿和无偿相结合的方式，对于有组织的团队和文体活动提供无偿服务，但是篮球、乒乓球、羽毛球等项目适当收取一定的费用。

在场馆管理上实行社区服务委托管理，即街道将学校场馆开放的管理工作委托给社区体育俱乐部，由其派人到学校负责管理和运营，提供社区公共体育服务；在对开放学校的经费补贴上，按照“社区所需，群众所求，自己所能”和“政府购买服务”的原则（郑琦琿，2008；Crompton，2004；刘璐等，2015）。对开放学校实行“政府补贴一点，学校支持一点，市民交纳一点”的补贴方式。每年由街道（镇）根据学校的开放情况，综合评估后给学校一定经费补贴。这种模式的优点如下：首先，街道、社区进行管理的优势非常大，因为开放对象为社区居民，同时所带来的管理效果非常明显；其次，街道、社区承担共享的管理工作，可以有效地分担学校在服务体系中基于安全方面的顾虑，提高了学校对共享、协同治理工作的积极性；再次，开放经费有保障，有利于共享的持续性；最后，加强了学校与街道、社区的联系，有利于学校、社区的精神文明建设，共享带来了社区、学校的双赢。缺点是，社区、街道在管理上付出了很大人力和财力，要是投入不能保证，服务体系

工作就不能继续进行下去。需要补充的是，学校在使用社区体育场地设施时，街道、社区也属于协同管理的核心组织，负责规划体育场地设施的使用、收费等工作。

三、城市社区公共体育服务体系之三——市场化运作模式

这种模式属于典型的有偿模式，采用这种模式的一般是以广州等试点为代表的学校。市场化运作模式特点如下：首先，在保证正常教学需要的前提下，在开放时段将所属体育场馆承包给有法人资质的专业公司进行经营管理。其次，学校与承包公司双方签订协议，对各自的权利、义务和责任进行约定。学校为承包公司提供体育场馆及相关设施；承包公司对开放工作进行市场化运作，承担日常的设施管理费用及人员开支，并向学校提交约定好的利润，一般这个费用会经由财政，返回给学校。最后，在收费标准上，严格执行相关的收费规定，并办理相关手续，不能违反有关收费的规定。该模式的优点是，市场化运作可以规避教育部门在安全、财务等方面可能具有的风险，同时可以降低协同体系在社区公共体育场地设施共享中的资源方面的投入；也能使设施保持良好的运行状态和环境，这样专业化分工会提高学校体育场地设施的运营效率与效果，同时会给学校带来一部分收入。这种模式一般易于推行，在较低层面的学校与承包公司就可以展开，不需要牵涉太多的上层管理组织，但是需要在经济较为发达的地区推行，否则会达不到设想的效果。此外，这种模式可以使学校摆脱共享中的琐碎事情，专心于学校教学事务。这种模式的缺点是，直接影响学生在课余时间的锻炼，可能导致非教学时间的学生锻炼需要付费，从而降低锻炼的积极性。

四、城市社区公共体育服务体系之四——依托青少年体育俱乐部开放的模式

这种模式是指学校在对体育场地设施开放过程中，在管理和运营时以青少年体育俱乐部的名义来运作。共享的学校一般是国家体育总局彩票公益金资助并命名的青少年体育俱乐部。青少年体育俱乐部按照国务院颁布的《民办非企业单位登记管理暂行条例》登记注册，具有独立法人资格；学校在以青少年体育俱乐部的形式进行体育场馆开放的管理运营时，财务上实行独立核算，实行公益性低收费。俱乐部经费来源为国家与地方资助的体彩公益金、俱乐部会员费和培训费以及在经营中所得的收益。俱乐部对周边学校的青少年、团体会员和个人会员开展活动，并对会员实行登记（王凯珍，2005）。俱乐部配有专职的教练员或社会体育指导员（一般由体育教师担任）及其他

管理人员，负责对参与活动的会员进行指导与管理。这种模式的优点是，有效协同了各类资源；有利于加强对健身人员的指导和管理；有利于参与活动的青少年学生和市民提高运动技术水平；可以充分利用现有政策，避免了在收费等财务问题上的政策瓶颈；增加了工作岗位和就业机会，有利于学校消化富余人员。这种模式的缺点是，社区公共体育场地设施的维护、管理成本较高，如果管理不善，容易造成亏损；收费标准过高，如 2011 年北京市实施共享学校的羽毛球馆收费为 30~40 元/小时，这会影响很多市民参与的积极性。

以上模式分布于不同的地域，这些模式还不能称为真正的服务体系，只是在操作层面体现出共享的形式，而领导层、协调体系都未体现出服务体系应有的管理体系。但是这些模式都是试点学校目前探索出来的经验模式，为今后大面积推广提供了宝贵的经验。

第五节　我国城市社区公共体育服务体系的新特点

本节针对前文指出的公共体育服务中存在的问题，构建我国城市社区公共体育服务体系。新体系模式将针对城市社区公共体育服务现状中出现的问题而构建。

一、我国城市社区公共体育服务体系的新思路

提供什么社区公共体育服务，如何提供社区公共体育服务，是政府履行公共体育服务职能需要解决的基本问题。政府必须将它所具有的能力集中于它能够而且应该完成的任务上，也就是要集中于履行政府的核心公共职能。政府的主要作用是提供公共服务，负责公共服务的规划、融资、管理、评估和监督。政府负有提供公共服务的责任，但公共服务并不一定要由政府亲自提供，可以采取政府负责、社会与企业提供、政府与企业合作、事业单位提供公共产品等多种方式（陈永浩，2011）。公共体育服务生产者的主要作用是按照规定的成本、时间、绩效标准提供优质高效的服务。

从理论上来说，公共服务的生产者既可以是政府，也可以是事业单位、私人机构或非营利组织。当公共服务的生产者是政府时，属于政府直接提供公共服务，需要对提供公共服务的政府实行绩效考核。当公共服务的生产者是体育事业时，政府要加强管理、评估与监督。事业单位提供公共体育服务产品必须有一个前提，就是当前党和国家主导的事业单位改革——实施政事

分开、管办分离。在前文已经讨论到，目前的体育事业单位在公共体育服务的供给上鲜有涉及，那么实施政事分开、管办分离是城市社区公共体育服务供给的前提，假如未实行改革，那么这种提供与生产的新思路将是空中楼阁。推行改革将可以实现政府保障在城市生活的大多数人群体育场地设施需求的目标。由政府提供，由体育事业组织来生产，这样政府将更容易选择供给的人群。我国城市社区公共体育服务体系的新思路是要强调政府在公共体育服务中的核心作用，强化其管的能力，但是对于我国城市公共体育服务生产组织的缺位的现状，政府应在强化“管”的同时，对“办”有一定的指导，形成“两手都要抓”的格局，为后期真正实现管办分离、政事分开、政府提供、社区体育组织供给打下坚实的基础。

二、我国城市社区公共体育服务体系的新模式

城市社区体育俱乐部与青少年体育俱乐部主要用于满足城市居民的体育需求，它们都是社区居民健身服务的重点；属于社区公共体育服务，具有公共体育物品的特征。随着全民健身多元化体育服务体系的建立，公共体育物品的提供主体虽然是政府，但政府职能转变，促使体育公共物品的供给方式必然发生变化，政府可以委托给市场或者社会进行生产。政府委托公共物品生产，市场必须有相似生产组织才可以进行生产。当前市场中有大量的商业健身组织存在。在此是否就可以认为，政府可以购买服务向大众提供了呢？答案是否定的，因为当前这些商业健身俱乐部无论从营业规模还是生产规模来说都达不到要求，而且生产公共体育服务对于商业健身俱乐部究竟是祸是福还是一个未知数。公共体育服务最大的特点就是非存货性、服务不可分性，也就意味着生产私人产品与生产公共体育服务在时间上具有排他性。所以，在现阶段采用商业健身俱乐部的形式来生产公共体育服务不可行。对于此，本书的观点是城市社区公共体育服务必须由政府出资，政府应计划创建一批俱乐部，由它们来生产社区公共体育服务。这部分俱乐部的运营依靠政府购买服务而得到资金来获得生存，随着创建的俱乐部达到一定的数量，这个数量是指在一个城市社区能保障有一个俱乐部，政府不再购买服务，需要俱乐部具有造血机制。至于创建哪种俱乐部，本书认为俱乐部不应由人群而定，应统一命名为城市社区体育俱乐部，也生产青少年体育服务。正如案例研究中已经揭示社区体育俱乐部生产青少年体育服务完全是可以的。没有竞争机制，再好的服务体系也会逐渐走下坡路。因此，为了保持新型城市社区体育俱乐部的良性发展，在没有俱乐部的地区，可以通过向商业健身俱乐部购买体育服务的形式来促进新型城市社区体育俱乐部供给的高效性。

三、我国城市社区公共体育服务体系新模式的优势

城市社区公共体育服务体系供给应是一个自上而下与自下而上的互动。在前文中提到现有的城市社区公共体育服务体系应具有自上而下的管理特点，这样势必造成对基层人们真正公共体育需求的忽略。那么新模式的优势就在于由政府提出，社区体育俱乐部生产可以实现从上到下与从下到上相结合，这体现在城市社区公共体育服务中的“公”蕴含着“公众”的意思。没有公众的参与，很难有公正。公众的广泛参与是社会公正的基础。尽管不同时期社区公共体育服务体系存在一定差别，但“政府代替城市市民的决策”的本质状况却没有发生根本改变，城市社区公共体育服务供给的决策主要由各级体育部门自上而下进行。我国城市的经济社会发展极为不平衡，社区公共体育基础差异大，采用同一标准模式，统一提供社区公共体育服务，忽视了在经济发展不同阶段社区居民对公共体育服务需求的差异性，必然难以达到理想的效果。因此，真实而准确地掌握社区居民对公共体育服务的真实需求就显得尤为重要。目标的实现，则需城市社区体育俱乐部这个生产组织的调查和研究，真实了解城市社区公共体育服务的意愿与需求。同时，通过“下→上→下”公共服务的需求表达和信息反馈机制，形成“自下而上、上下合一”的政府与社区体育俱乐部协商与决策提供体系，做到有的放矢、物尽其用。新型城市社区体育俱乐部与原来的体育事业单位在实施政府事业单位改革管办分离与政事分开后，这二者之间的关系应是，体育事业单位负责建设城市社区体育俱乐部，政府只负责向体育事业单位提供资金购买服务。体育事业单位是俱乐部的生产者与管理者。

四、我国城市社区公共体育服务体系的管理特点

在前文中对于俱乐部的分析从俱乐部的政府管理因素、场地设施因素、职能管理因素、运营管理因素这四个方面讨论了缺陷。

从政府管理因素来看，新型的城市社区体育俱乐部是整合原有城市社区体育俱乐部与青少年体育俱乐部，综合它们的人力资源、场地设施资源、物质资源。从这一点来看，政府的提供将会更加集中，无论是政策还是财政支持，都将毫无疑问地比以前更集中，政府的支持力度会更大，先前的政策、财政供给的情况会得到改善。

场地设施条件也会大大改善，公共体育服务体系应是在供给组织上协同治理原有社区体育俱乐部与学校、青少年体育俱乐部的场地设施。例如，将辖区内的学校作为挂靠单位，由街道社区部门协调场地设施，以此形成资源

的整合性。

在前文中职能管理因素是指俱乐部在日常运行中所涉及的内部各项管理职能的概括。在社区公共体育服务体系中，由于由政府购买公共体育服务，俱乐部则是一个生产组织。与之前最大的区别就是在经费没有保障的前提条件下，俱乐部的很多管理岗位只能采取兼职的形式，政府购买服务后，俱乐部有运转的经费后，则可以很好地使用经费招聘专职人员，构建俱乐部的管理组织，开展专项工作。其重点体现在专职人员会带动相应的俱乐部组织建设，那么俱乐部将会有完善的管理架构。

从不完善到完善的管理架构，其中最重要的体现就是管理的高效性。运营管理的效率与效果也会在新型城市社区体育俱乐部运营中得到大幅度提高。从统计分析可以知道，在运营管理因子中俱乐部有足够的活动经费、俱乐部的筹集资金来源渠道多样，这两个题项所占路径系数非常大，说明目前俱乐部有足够的活动经费与筹集资金来源渠道多样受到很大限制。在新型城市社区体育俱乐部的构建过程中，政府提供公共体育服务，生产单位为新型城市社区体育俱乐部。政府提供公共体育服务，采取政府出资购买社区体育俱乐部生产服务的形式。在这种形式下，将彻底解决运营管理中的活动经费与筹集资金的问题。将现有社区体育俱乐部与青少年体育俱乐部的四个因素纳入新型城市公共服务体系。政府购买的实质就是俱乐部的资金将会有长足的保障。因此，新模式的特点是在确立政府购买服务的前提下，俱乐部的运转才有了保障。

五、我国城市社区公共体育服务体系的发展趋势

未来发展趋势体现在，政府主导社区公共体育服务供给，还将放权于社区、街道，充分发挥基层的职能，使得政府从原来的生产与提供的事务中脱离出来，真正实现政府成为规则的制定者和维护者，实现小政府、大社会，市场主导的多主体供给模式成为主流，使得在城市社区公共服务体系中兼顾市场化与公益化。结合“供给侧结构性改革”提高城市社区公共体育服务供给质量，提高供给的效率，扩大各个主体的公共体育服务的有效供给，提高供给结构对社区居民公共体育服务需求变化的适应性和灵活性，更好地满足社区居民的体育需要，促进经常参加体育锻炼人数的增加。未来多元主体供给社区公共体育服务已成态势，实现多元主体的最优化配置，是未来发展的趋势。随着体系的发展与事业单位改革的完成，体育事业单位应独立建立、生产公共体育服务组织——新型社区体育俱乐部，并负责管理新型社区体育俱乐部。政府部门更多对体育事业部门进行宏观管理，政府部门直接从体育

事业单位购买公共体育服务。这时的体育事业单位不再是一个单纯意义上的组织，而是承上启下的“中观组织”，贯彻政府指导，落实社区公共体育服务生产。

随着新型社区体育俱乐部的发展，社区公共体育服务体系将会扮演越来越多的角色。例如，在当前我国江浙地区，社区体育俱乐部已经承担了一部分公共文化服务的工作。这说明社区体育俱乐部的发展空间很大，尤其是基层政权管理模式是当前党和政府关注的问题，伴随这个问题的是单位人变社会人，社区中人们谁来管理（赵军，2006）。目前已经有文献表明体育将是社区管理的有力抓手（王勇和周丽丽，2008），但是体育只是一个活动，随着活动的结束，社区管理问题依旧存在，提供公共体育服务的组织是否可以承担起以体育治理社区的重任，还需要大量的理论研究以及实践环境下的实验研究。毫无疑问，通过新型社区体育俱乐部来管理社区将是一个研究价值极大的课题。

政府管理应当与社区、街道间各主体自治相结合，实现中央政策导向下多主体协同共治的新格局，这是充分发挥主体间的资源、能力优势，弥补政府失灵和市场失灵，提高城市社区公共体育服务供给效率的路径。

参 考 文 献

巴比 E. 2000. 社会研究方法. 邱泽奇译. 北京：华夏出版社.

曹可强. 2004. 高校体育场地的社会开放策略. 体育学刊，11（2）：86-87.

陈安琪. 2009. 上海市徐汇区社区体育健身俱乐部管理现状及发展对策研究. 上海师范大学硕士学位论文.

陈其林. 2007. 公共产品、公共利益及其不确定性. 中国经济问题，（4）：7-16.

陈永浩. 2011. 西安高校体育场馆设施对外开放的现状调查与分析. 西安体育学院硕士学位论文.

崔立根，张惠. 2010. 基于因子分析的我国职业体育俱乐部品牌联想因素研究. 天津体育学院学报，（4）：355-359.

戴健，张盛，唐炎，等. 2015. 治理语境下公共体育服务制度创新的价值导向与路径选择. 体育科学，（11）：3-12，51.

戴宁. 2016. 新型城镇化进程中的协同治理研究. 湖南大学硕士学位论文.

戴永冠，林伟红. 2012. 公共体育服务概念、结构及人本思想. 武汉体育学院学报，（10）：5-10.

邓大才. 2002. 论制度变迁的组合模式——制度创新方式与制度演进方式相机组合研究. 北京行政学院学报，（4）：42-47.

邓丽星. 2008. 太原市国家级社区体育健身俱乐部运作现状与展望. 武汉体育学院硕士学位论文.

刁在箴，马更娣，张莹，等. 2002. 中国体育健身俱乐部发展概况之研究. 北京体育大学学报，25（6）：745.

丁元竹，江汛清. 2006. 社会公共服务供给与社会管理体制安排. 理论与现代化，（5）：5-16.

杜志娟. 2006. 我国青少年体育俱乐部发展现状及对策研究. 广州体育学院学报，（4）：23-27.

樊炳有. 2009a. 我国体育公共服务供给制度及实践路径选择探讨. 体育与科学，（4）：27-31，26.

樊炳有. 2009b. 体育公共服务的理论框架及系统结构. 体育学刊，（6）：14-19.

范诗武. 2003. 论学校教育资源的社会共享. 教育探索，（3）：49-50.

风笑天. 2005. 社会学研究方法. 北京：中国人民大学出版社.

冯云廷. 2006. 地区性资源共享机制研究. 天津社会科学，(3)：61-67.
高建磊. 2009. 我国公共体育服务产品的供给体制创新研究. 体育科技文献通报，(8)：100-101，123.
韩会君. 2006. 国家青少年体育俱乐部运行机制的研究. 中国体育科技，42(6)：5-6.
何娟. 2012. 公共体育产品供给对社区体育参与的影响分析——以常德市鼎城区为例. 内江科技，(12)：25-26.
何亚群，曾维和，郑昌兴. 2013. 多元主体协同治理下的我国城市社区研究. 阅江学刊，(6)：94-97.
胡茵. 2009. 我国社区体育公共服务体系的建设与完善. 北京体育大学学报，(5)：12-15.
胡志. 2016. 学校体育场地对外开放水平评价指标体系及实证研究. 华中师范大学硕士学位论文.
黄文高. 2006. 湖南省社区体育俱乐部建设与发展问题研究. 国防科学技术大学硕士学位论文.
及化娟，赵德勋. 2013. 河北省社区体育健身俱乐部的发展策略. 河北学刊，33(4)：221-223.
孔祥. 2011. 城市社区体育公共服务体系建设的供给主体及实现路径. 体育与科学，(4)：66-71.
李建国. 2009. 体育强国的基础——体育公共服务体系建设. 体育科研，(4)：15-18.
李立峰，王洪彪. 2017. 中国公共体育服务研究 10 年(2007—2016)：热点、趋势与展望——基于 CiteSpace Ⅲ的可视化分析. 沈阳体育学院学报，36(3)：39-47.
李嵘. 2006-08-07. 学校体育场馆开放步入正轨. 文汇报.
李文涛. 2001. 制度创新理论研究述评. 经济纵横，61(11)：61-63.
李阳. 2010. 公共产品概念和本质研究综述. 生产力研究，(4)：30-32，35.
刘璐，李峰，雷敏. 2015. 政府购买公共体育服务研究——学校体育场地设施的利用与开发. 云南行政学院学报，(5)：163-166.
刘艳丽. 2008. 社区福利视野中的青少年非营利性组织运行机制分析. 广东青年干部学院学报，22(8)：40-44.
刘艳丽，苗大培. 2005. 社会资本与社区体育公共服务. 体育学刊，(3)：126-128.
刘扬. 2006. 北京市中小学校教育资源共享问题研究. 北京师范大学硕士学位论文.
龙新民，江庆. 2007. 论公共产品概念的现实意义. 当代财经，(1)：38-42.
龙新民，尹利军. 2007. 公共产品概念研究述评. 湘潭大学学报(哲学社会科学版)，(2)：45-49.
陆作生. 2004. 我国青少年体育俱乐部运营模式研究. 北京体育大学博士学位论文.
罗宾斯 S P. 2004. 管理学. 刘刚译. 北京：中国人民大学出版社.

骆雷，吕笑蓉，李益群. 2006. 我国青少年体育俱乐部的发展现状研究. 中国体育科技，42（3）：40-43.

吕树庭，王菁. 2016. 体育公共服务，还是公共体育服务——概念间关系的梳理与辨析. 广州体育学院学报，（1）：1-6，56.

马斌，王莹. 2003. 论政府在制度变迁中的角色转换及定位. 中国地质大学学报，3（4）：38-44.

马西恒. 2006. 中加社区治理模式比较研究. 上海：上海人民出版社.

苗大培，刘艳丽，刘国永，等. 2007. 我国青少年体育俱乐部现状调查及发展对策. 体育科学，（6）：8-16.

苗大培，王蒲，高元义. 2004. 我国城乡社区社会体育组织调研报告. 天津体育学院学报，19（3）：10-14.

彭圣堂. 2006. 我国 25 家社区体育健身俱乐部试点状况研究. 北京体育大学硕士学位论文.

任春香，李红卫. 2011. 新时期我国公共体育服务体系的基本内容探析. 体育与科学，（5）：40-43，39.

任海，王凯珍，肖淑红，等. 2001. 论体育资源配置模式. 天津体育学院学报，12（2）：1-5.

邵静野，来丽梅. 2014. 社会治理体制创新中社会协同机制的构建. 东北师大学报（哲学社会科学版），（1）：204-206.

沈克印. 2017. 政府与体育社会组织协同治理的地方实践与推进策略——以常州市政府购买公共体育服务为例. 武汉体育学院学报，（1）：12-19.

石榴红，施阳. 2010. 公共产品和垄断产品的关系刍议. 山东省青年管理干部学院学报，（6）：106-109.

孙伯强. 2004. 论我国政府主导型制度变迁及其转变. 郑州大学硕士学位论文.

汤铭潭. 2005. 小城镇基础设施的优化配置与资源共享. 城乡建设，（1）：45-46.

唐建军，孟涛，李志刚，等. 2001. 英、德、日社区体育俱乐部基本状况和存在的问题. 体育与科学，22（3）：10-11.

唐建军，苏丕仁，蔡学玲. 2004. 我国城市社区体育俱乐部（组织）发展的条件及其特征. 北京体育大学学报，（1）：23-24，30.

王凯珍. 2004. 社会转型与中国城市社区体育发展. 北京：北京体育大学出版社.

王凯珍. 2005. 中国城市不同类型社区居民体育活动现状的调查研究. 北京体育大学学报，（8）：1009-1013.

王科飞. 2017. 社区体育协同治理的理论基础与制度设计. 洛阳师范学院学报，（2）：64-68.

王兰，张林，王克祥. 2007. 我国社区体育健身俱乐部与政府关系的研究. 体育科研，28（5）：27-30.

王梦阳. 2013. 政府公共体育服务满意度绩效评估指标的构建——以上海市为例. 体育科学，33（10）：63-70.

王学彬，郑家鲲. 2015. 基本公共体育服务标准化建设：内容、困境与策略. 体育科学，（9）：11-23.

王学彬，郑家鲲. 2017. 回顾与展望：近10年我国公共体育服务研究述评. 武汉体育学院学报，（6）：5-12.

王勇，周丽丽. 2008. 济南市社区体育俱乐部组织运作模式的研究. 山东体育科技，30（4）：57-58.

王占坤，陈华伟，唐闻捷. 2015. 21世纪初以来我国公共体育服务研究回顾与展望：基于文献计量学和科学知识图谱分析. 首都体育学院学报，（2）：109-115.

王振中. 2007. 国家级社区体育俱乐部特色业务模式研究. 武汉体育学院硕士学位论文.

魏来. 2007. 中国公共体育服务产品供给研究. 北京体育大学博士学位论文.

吴宝升. 2008. 上海市公益型青少年体育俱乐部研究. 体育文化导刊，（12）：47-49.

吴强欢. 2010. 上海市社区体育俱乐部运作管理现状及对策研究. 上海体育学院硕士学位论文.

肖林鹏. 2008. 论我国公共体育服务供给的基本问题. 体育文化导刊，（1）：10-12.

肖林鹏，李宗浩，杨晓晨. 2007. 公共体育服务概念及其理论分析. 天津体育学院学报，（2）：97-101.

谢正阳，汤际澜. 2014. 基本公共体育服务体系设计理念与功能构建. 南京体育学院学报（社会科学版），（5）：52-58.

徐廉欣. 2018. 新时代城市社区协同治理机制研究. 唯实（现代管理），（2）：14-17.

许丽英. 2007. 教育资源配置理论研究——缩小教育差距的政策转向. 东北师范大学博士学位论文.

郇昌店，张琮. 2011. 我国公共体育服务概念的辨析——兼与范冬云先生商榷. 西安体育学院学报，（3）：305-308.

杨可可. 2017. 宁波市中小学体育场馆对外开放的保障机制现状及影响因素研究. 宁波大学硕士学位论文.

杨守民. 2007. 社区体育健身俱乐部运作模式构建. 重庆大学体育学院硕士学位论文.

姚翼源，张诚. 2017. 基层社会协同治理机制与路径研究——以合肥市蜀山区为例. 当代经济管理，（8）：27-32.

易丹辉. 2008. 结构方程模型：方法与应用. 北京：中国人民大学出版社.

尹维增，张德利. 2009. 对构建和谐社会环境下公共体育服务的基本责任研究. 体育与科学，（1）：45-47.

于文谦，韩伟，王乐. 2007. 日本综合性社区体育俱乐部的发展. 体育学刊，14（7）：43-45.

郁建兴，任泽涛. 2012. 当代中国社会建设中的协同治理——一个分析框架. 学术月刊，（8）：23-31.

郁建兴，张利萍. 2013. 地方治理体系中的协同机制及其整合. 思想战线，（6）：95-100.

郁建亚，吴明. 2002. 析学校体育与社区体育的互补效应. 南京体育学院学报，16（2）：15-17.

袁方. 1997. 社会学研究方法教程. 北京：北京大学出版社.

曾庆华. 2008. 城市社区体育健身俱乐部建立与发展的主要影响因素分析. 科技信息，（20）：212.

张立中. 2007-06-19. 场地不足制约学校体育发展. 中国体育报.

张莉. 2010. 北京市国家级社区体育俱乐部运作中存在的主要问题及对策性思考. 北京体育大学硕士学位论文.

张旭光，王燕. 2010-03-19. 刘鹏：发展群体事业要与建设体育强国紧密结合. 中国体育报.

赵慧娣. 2018. 新时代背景下公共体育服务供给侧结构优化路径研究. 体育与科学，（2）：20-26.

赵军. 2006. 北京市试点社区体育俱乐部运营模式研究. 北京体育大学硕士学位论文.

赵克，徐卫华，黄文仁，等. 2004. 我国大、中城市居民住宅区体育场地设施配套建设的可行性研究. 体育科学，24（12）：42-47.

赵淑华，刘志国. 2016. 社会治理协同机制概念的含义. 边疆经济与文化，（8）：49-50.

郑家鲲，张怀波. 2010. 影响上海市体育公共服务发展的因素及对策. 广州体育学院学报，（3）：16-21.

郑琦琿. 2008. 社区体育健身俱乐部发展机制的实证研究. 福建师范大学硕士学位论文.

周爱光. 2012. 从体育公共服务的概念审视政府的地位和作用. 体育科学，32（5）：64-70.

周小平，赵萌，钱辉. 2017. 协同治理视角下空间规划体系的反思与建构. 中国行政管理，（10）：10-15.

朱沙，郭佩霞. 2011. 我国公共产品基础理论研究进展与评述. 技术经济与管理研究，（10）：71-74.

Bell K，West A. 2003. Specialist schools: an exploration of competition and co-operation. Educational Studies，29（2）：273-289.

Chen C. 2004. Searching for intellectual turning points：progressive knowledge domain visualization. Proceedings of the National Academy of Sciences，101（1）：5303-5310.

Chen C. 2006. Cite space Ⅱ：detecting and visualizing emerging trends and transient patterns in scientific literature. Journal of the American Society for Information Science and Technology，57（3）：359-377.

Crompton J. 2004. Beyond economic impact：an alternative rationale for the public subsidy of major league sports facilities. Journal of Sport Management，（18）：40-58.

Hughes J. 1999. Cooperation to Collaboration：Resource Sharing and Partnership in Finance. Detroit：Gale Research Inc.

Piggin J. 2010. Is resistance futile? The effects of criticising New Zealand sport policy. International Journal of Sport Policy，2（1）：85-98.